LATINÍSIMO DOMOWE POSIŁKI Z AMERYKI ŁACIŃSKIEJ

Odblokuj sekrety odtworzenia 100 dań kuchni latynoskiej we własnej kuchni

Marcelina Sadowska

Prawa autorskie ©2023

Wszelkie prawa zastrzeżone

Żadna część tej książki nie może być wykorzystywana ani rozpowszechniana w jakiejkolwiek formie i w jakikolwiek sposób bez odpowiedniej pisemnej zgody wydawcy i właściciela praw autorskich, z wyjątkiem krótkich cytatów użytych w recenzji. Niniejsza książka nie powinna być traktowana jako substytut porady lekarskiej, prawnej lub innej porady zawodowej.

SPIS TREŚCI

WSTĘP 7

ŚNIADANIE 8

    1. Mała Krew 9

    2. Potrójne kanapki w stylu latynoamerykańskim 11

    3. Czerwone Język angielski z jajkami sadzonymi 13

    4. Śniadanie z pomidorami i jajkiem sadzonym grzance ... 16

    5. Czekoladowa Owsianka Ryżowa 18

    6. Śniadaniowe Ciastka Rybne 20

    7. Kubańskie tosty z Kawa z mlekiem 22

PRZEKĄSKI 24

    8. Chleb z Chicharrónem 25

    9. Smażone Plantany 27

    10. Ceviche z białej ryby 29

    11. Pikantne marynowane ceviche 31

    12. Tamales w stylu latynoamerykańskim 33

    13. Ceviche z Czarnej Małży 35

    14. Nadziewane Ziemniaki 37

    15. Paluszki Serowe Z Sosem Maczanym 40

    16. Frytki Yuca 42

    17. Ceviche w stylu latynoamerykańskim 44

    18. Ziemniaki w stylu Huancayo 46

    19. Nadziewane Awokado 48

    20. Nadziewane Sardynki 50

    21. Pikantne krewetki po brazylijsku 52

PRZYSTAWKA 54

    22. Pozole 55

23. Grillowany kaktus opuncji 57
24. Papryczki chili Szerokości Nadziewany 59
25. Fasola w stylu latynoamerykańskim 61

SIEĆ ELEKTRYCZNA 63

26. Zupa galicyjska 64
27. Wieprzowina i fasola 66
28. Czerwona fasola i ryż 68
29. Lód ryżowy z groszkiem gołębim 70
30. Asopado z owoców morza 72
31. Domowe wegańskie chorizo 74
32. Utopione Ciasto 77
33. Ryż sierocy 79
34. Fasola Doniczkowa 81
35. Charro lub pijana fasola 83
36. Fasolki Smażone 85
37. Fasola w stylu Święty Maria 87

TACOS 89

38. Rajas z Krem Tacos 90
39. Tacos ze słodkich ziemniaków i marchewki Tinga 92
40. Tacos z ziemniakami i chorizo 94
41. Letnie Tacos Calabacy 96
42. Pikantne Tacos z Cukinią i Czarną Fasolą 98
43. Tacos z wołowiną w stylu bawolym 100
44. Okłady z taco z wołowiną 102
45. Tacos z grillowaną wołowiną w stylu Mięso 104
46. Małe tarty z wołowiną taco 106
47. Tandetna patelnia do taco z jednym garnkiem 108
48. Tacos ze stekiem ze spódnicy 110

ZUPY I SAŁATKI 112

49. Sopa Tarasca 113

50. Zupa z czarnej fasoli 116

51. Zupa w stylu Tlapan 118

52. Zupa z Puebli 120

53. Sałatka ziemniaczana 122

54. Sałatka producenta tequili 124

55. Sałatka z kapusty 126

TOSTY **128**

56. Tostady z Grillowanym Kurczakiem 129

57. Tosty z Kalifornii i Indyka 131

58. Pizza Tostada z Wołowiną i Fasolą 133

59. Tosty ze świńskich stóp 136

60. Chorizo, Ziemniaki i Marchew Tosty 138

61. Tosty wieprzowe Picadillo 140

DESER **142**

62. Ciasto serowe 143

63. Shot Paleta Arbuza 145

64. Carlota zLimon 147

65. Mango i Chamoy Slushie 149

66. Mus czekoladowy 151

67. Banany i mandarynki z sosem waniliowym 153

68. Sorbet z Jamajki 155

69. Grillowane Mango 157

70. Szybki budyń owocowy 159

71. Grillowane banany w sosie kokosowym 161

72. Sorbet mango 163

73. Śrut łaciński 165

74. Wafle kukurydziane na parze 167

75. Pudding ryżowy 170

76. Fioletowy budyń kukurydziany 172

77. Quinoa budyń 175

78. Brazylijskie ciastka z dorsza 177

PRZYPRAWY **179**

79. Sos kolendrowy 180

80. Proszek dobo 182

81. DIP warzywny 184

82. Kąpiel z Vallarty 186

83. Zielone smażyć 188

84. przyprawa do taco 190

85. Ziołowa salsa pomidorowo-kukurydziana 192

86. Guacamole z białej fasoli 194

NAPOJE **196**

87. Koktajl z kaktusa 197

88. Świeże wody 199

89. Mojito w stylu latynoamerykańskim 201

90. Horchata zMelon 203

91. Sangrita 205

92. Ajerkoniak kokosowy 207

93. Ajerkoniak w stylu latynoamerykańskim 209

94. Fermentowane piwo kukurydziane 211

95. Fioletowy napój kukurydziany 214

96. Kwaśny owoc marakuji 216

97. Herbata z koki 218

98. Cappuccino z rumem w stylu latynoamerykańskim 220

99. Poncz Pisco 222

100. Koktajl owocowy Camu 224

WNIOSEK **226**

WSTĘP

Witamy w „Latinísimo: domowe posiłki z Ameryki Łacińskiej!" Ta książka kucharska to nie tylko przepisy; to podróż do serca kuchni Ameryki Łacińskiej, celebracja tradycji, rodziny i bogatych smaków, które definiują dom.

Na tych stronach odkrywamy 100 autentycznych dań kuchni łacińskiej, oferując więcej niż tylko instrukcje gotowania. Latinísimo zaprasza do otwartego zaproszenia do wykorzystania różnorodności i żywotności dziedzictwa kulinarnego Ameryki Łacińskiej – gobelinu utkanego z wątków tradycji wielopokoleniowych.

Wyobraź sobie, że jesteś przenoszony na tętniące życiem rynki, do kuchni swojej babci i na tętniące życiem spotkania, podczas których jedzenie jest świętem kulturalnym. Każdy przepis oddaje hołd różnorodnym tradycjom kulinarnym, od tropikalnych Karaibów po obfite dania kuchni południowoamerykańskiej.

Niezależnie od tego, czy jesteś doświadczonym kucharzem, czy nowicjuszem w kuchni, Latinísimo zaprasza Cię do zanurzenia się w aromatach, teksturach i smakach, które sprawiają, że domowe posiłki z Ameryki Łacińskiej są prawdziwą rozkoszą. To eksploracja wykraczająca poza podniebienie, dotykająca serca i duszy zgromadzonych wokół stołu.

Niech podróż rozpocznie się, gdy wkroczymy do kuchni Ameryki Łacińskiej – krainy, w której gościnność i bogate smaki tworzą symfonię przekraczającą granice. Latinísimo to Twój paszport do serca domów Ameryki Łacińskiej, gdzie każdanie opowiada historię, a każdy posiłek jest wyrazem miłości. Cieszyć się! Niech każdy kęs przypomina Ci o dziedzictwie kulinarnym zdobiącym Twoją kuchnię i celebruje miłość wplecioną w każdłacińskie danie. Powodzenia!

ŚNIADANIE

1. Mała Krew

SKŁADNIKI:
- 500 gramów krwi kurczaka
- 40 ml pełnotłustej, ciężkiej śmietany
- 3 łyżki oliwy z oliwek lub sosu wołowego.
- 2 średnie posiekane cebule
- 1 główka posiekanego czosnku
- 1 mała ostra papryczka
- Oregano
- Posiekana mięta pieprzowa i kolendra
- Sól

INSTRUKCJE:
a) Włóż krew kurczaka do lodówki, aby ją schłodziła.
b) Na oliwie z oliwek smaż czosnek, cebulę i paprykę przez maksymalnie 10 minut.
c) Dodać posiekane zioła i sól.
d) Usuń krew, pokrój w drobną kostkę i dodaj do mieszanki.
e) Dobrze wymieszać.
f) Dodaj trochę więcej oleju i soli do smaku.

2. Potrójne kanapki w stylu latynoamerykańskim

SKŁADNIKI:
- 4 jajka
- ¼ szklanki majonezu
- 8 kromek białego chleba kanapkowego, bez skórki
- 1 duże dojrzałe awokado
- 1 dojrzały pomidor, pokrojony w plasterki
- Po ½ łyżeczki soli i pieprzu, podzielone

INSTRUKCJE:
a) Jajka ułożyć w rondlu w jednej warstwie. Przykryj zimną wodą na głębokość 2,5 cm.
b) Postaw patelnię na dużym ogniu i zagotuj wodę.
c) Na patelnię nałóż szczelną pokrywkę i zdejmij z ognia. Odstaw na 6 minut.
d) Odcedź wodę i umieść jajka pod zimną bieżącą wodą na 1 minutę lub do momentu, aż ostygną na tyle, że będzie można je unieść. Obierz i pokrój każdjajko.
e) Nałóż cienką warstwę majonezu na jedną stronę każdej kromki chleba.
f) Rozłóż awokado równomiernie na 2 kawałkach chleba; dopraw odrobiną soli i pieprzu. Na wierzch awokado połóż kawałek chleba majonezową stroną do góry.
g) Rozłóż pomidory równomiernie na 2 kawałkach chleba; dopraw odrobiną soli i pieprzu.
h) Na górze pomidor z trzecim kawałkiem chleba; majonez stroną do góry. Rozłóż pokrojone jajka równomiernie na 2 kawałkach chleba; dopraw pozostałą solą i pieprzem.
i) Przykryj ostatnim kawałkiem chleba; majonezem do dołu.
j) Każdą kanapkę przekrój na pół, aby otrzymać 4 porcje.

3.Czerwone Język angielski z jajkami sadzonymi

SKŁADNIKI:
NA SOS:
- Jedna 12-uncjowa puszka obranych pomidorów wraz z ½ szklanki towarzyszących soków
- 1 papryczka jalapeno z nasionami, grubo posiekana
- 1 mała biała cebula, pokrojona w kostkę
- 2 papryczki chipotle w sosie adobo
- 4 ząbki czosnku
- ¼ szklanki grubo posiekanej świeżej kolendry
- 2 łyżki oleju roślinnego
- 1 łyżka nektaru z agawy
- Szczypta soli

DO MONTAŻU:
- Olej roślinny do smażenia
- Tortille kukurydziane, pokrojone lub porwane na trójkąty
- Sól i pieprz
- Rozdrobniony ser Monterey Jack
- Ser Cotija
- Jajka
- Świeża kolendra

INSTRUKCJE:

a) Zacznij od umieszczenia wszystkich składników sosu, z wyjątkiem oleju, agawy i soli, w blenderze i miksuj, aż uzyskasz gładką konsystencję. Rozgrzej olej roślinny w dużym rondlu na średnim ogniu, następnie dodaj zmiksowany sos i mieszaj, aż zgęstnieje.

b) Dodaj agawę i sól. Tutaj możesz spotkać się z początkowym wyzwaniem, jakim jest oparcie się pokusie zjedzenia całego sosu lub zjedzenia go bezpośrednio z rondla z torebką Tostito. Ćwicz powściągliwość.

GROMADZIĆ SIĘ

c) Rozgrzej brojler i rozpocznij smażenie tortilli. Rozgrzej około ¼ cala oleju w rondlu i partiami smaż trójkąty tortilli, przewracając je w połowie, aż staną się nieco chrupiące, choć nie całkowicie chrupiące.

d) Usmażone tortille odsączamy na papierowym ręczniku, lekko doprawiając solą. Oto Twoje kolejne wyzwanie: pokusa zjedzenia całego sosu za pomocą tych prawie chipsów. Jednak musisz się oprzeć.

e) W wybranym naczyniu (użyj naczynia żaroodpornego lub patelni żeliwnej w przypadku większej grupy lub patelni do ciasta lub talerza skwierczącego w przypadku mniejszej grupy) ułóż warstwę tortilli, nakładając je po drodze. Posmaruj je łyżką sosu do pożądanego poziomu pikantności (zazwyczaj im więcej, tym lepiej), a następnie obficie przykryj je obydwoma serami. Dopuszczalne jest, że wygląda to nieco pikantnie; właściwie powinno. Podgrzewaj mieszaninę, aż ser się roztopi. Na tym etapie nie próbuj używać widelca.

f) Na małej patelni lekko usmaż jajka, upewniając się, że żółtka pozostają surowe, bo wiesz, co się wydarzy.

g) Nałóż porcje pikantnej tortilli do osobnych misek, dodaj jedno lub dwa jajko i trochę świeżej kolendry, dopraw solą i pieprzem.

4. Śniadanie z pomidorami i jajkiem sadzonym grzance

SKŁADNIKI:
- 4 grube kromki chleba wiejskiego
- Oliwa z oliwek
- 1 duży ząbek czosnku, obrany
- 1 duży dojrzały pomidor, przekrojony na pół
- 4 duże jajka
- Sól i pieprz

INSTRUKCJE:
a) Posmaruj obie strony grubych kromek chleba odrobiną oliwy z oliwek i opiekaj w piekarniku lub tosterze w temperaturze około 100°C, aż staną się złociste i chrupiące.
b) Gdy tosty będą już gotowe, wyjmij je z piekarnika i natrzyj obficie obranym ząbkiem czosnku, a następnie przekrojoną stroną pomidora.
c) Podczas pocierania pamiętaj o wyciśnięciu soczystych wnętrzności pomidorów na tosty. Posyp tosty szczyptą soli i pieprzu.
d) Na dużą patelnię lub patelnię wlej cienką warstwę oliwy z oliwek i podgrzej ją na średnim ogniu.
e) Wbij jajka na patelnię, dopraw solą i pieprzem, następnie przykryj patelnię i smaż, aż białka się zetną, a żółtka pozostaną płynne. Na każdym toście połóż jedno jajko sadzone i podawaj.
f) Ciesz się pysznym śniadaniem!

5. Czekoladowa Owsianka Ryżowa

SKŁADNIKI:
- 1 szklanka kleistego ryżu
- 4 szklanki wody
- ½ szklanki kakao w proszku
- ½ szklanki cukru (dostosuj do smaku)
- ½ szklanki skondensowanego mleka
- Szczypta soli
- Do dekoracji wiórki kokosowe lub mleko skondensowane

INSTRUKCJE:

a) W garnku wymieszaj kleisty ryż z wodą. Doprowadzić do wrzenia i gotować na wolnym ogniu, aż ryż się ugotuje, a mieszanina zgęstnieje.

b) W osobnej misce wymieszaj kakao, cukier, mleko skondensowane i szczyptę soli, aby uzyskać sos czekoladowy.

c) Połączyć sos czekoladowy z ugotowanym ryżem i dobrze wymieszać.

d) Podawać na gorąco, posypane wiórkami kokosowymi lub skondensowanym mlekiem.

6.Śniadaniowe Ciastka Rybne

SKŁADNIKI:
- 400 g (14 uncji) mącznych ziemniaków z uprawy głównej, ugotowanych
- 300 g filetu z dorsza
- 225 ml (8 uncji) pełnotłustego mleka
- 1 obrany pasek skórki z cytryny
- 1 liść laurowy
- 40 g masła
- 2 łyżki oliwy z oliwek
- 1 mała cebula, drobno posiekana
- garść pietruszki
- 1 łyżeczka świeżego soku z cytryny
- 25 g (1 uncja) mąki zwykłej
- 1 duże jajko, ubite
- 100 g (4 uncje) świeżej białej bułki tartej

INSTRUKCJE:

a) Na patelnię włóż rybę, mleko, skórkę z cytryny, liść laurowy i odrobinę czarnego pieprzu. Przykryj, doprowadź do wrzenia i gotuj na wolnym ogniu przez 4 minuty lub do momentu, aż ryba będzie ugotowana.

b) Rozpuść 15 g masła na średniej wielkości patelni, dodaj 1 łyżeczkę oliwy z oliwek i cebulę, i smaż delikatnie przez 6–7 minut, aż będzie miękkie i półprzezroczyste, ale nie brązowe. Dodaj puree ziemniaczane i poczekaj, aż się ogrzeje; następnie dodać rybę, pietruszkę, sok z cytryny i 2 łyżki mleka kłusowniczego i dobrze wymieszać.

c) Do płytkiego naczynia włóż jajko, a do drugiego bułkę tartą. Lekko zwilżonymi rękami uformuj z mąki osiem placków rybnych o grubości około 1 cm. Zanurzaj je w roztrzepanym jajku, a następnie w bułce tartej, układaj na blaszce do pieczenia i schładzaj przez 1 godzinę (a najlepiej całą noc) w lodówce.

d) Na patelni z powłoką nieprzywierającą podgrzej resztę masła i ostatnią łyżeczkę oleju, aż masło się rozpuści, dodaj placki rybne i smaż je delikatnie przez około 5 minut z każdej strony, aż będą złociste.

7.Kubańskie tosty z Kawa z mlekiem

SKŁADNIKI:
- Kubański chleb lub chleb francuski
- Masło
- Cukier
- Mocna kubańska kawa
- mleko

INSTRUKCJE:
a) Pokrój chleb kubański lub francuski na pożądaną grubość.
b) Smażyć plastry, aż uzyskają złocisty kolor.
c) Gdy tost jest jeszcze ciepły, posmaruj każdą kromkę dużą ilością masła.
d) Tosty posmarowane masłem posyp cukrem, poczekaj, aż się lekko roztopi.
e) Zaparz filiżankę mocnej kubańskiej kawy.
f) Podgrzej taką samą ilość mleka, aż zacznie parować, ale nie wrzeć.
g) Wymieszaj kawę i mleko, aby stworzyć Kawa z mlekiem.
h) Zanurz słodzony tost w Kawa z mlekiem i delektuj się pysznym połączeniem smaków.

PRZEKĄSKI

8. Chleb z Chicharrónem

SKŁADNIKI:

- 4 małe bułki (takie jak ciabatta lub bułki francuskie)
- 1 funt łopatki wieprzowej, pokrojonej w cienkie plasterki
- 2 ząbki czosnku, posiekane
- 1 łyżeczka kminku
- ½ łyżeczki papryki
- Sól i pieprz do smaku
- Pokrojone słodkie ziemniaki
- Salsa criolla (cebula, sok z limonki i papryczka chili) do posypania

INSTRUKCJE:

a) W misce zamarynuj plastry wieprzowiny z czosnkiem, kminkiem, papryką, solą i pieprzem. Pozwól mu marynować przez co najmniej 30 minut.

b) Na patelni rozgrzej odrobinę oleju i smaż marynowaną wieprzowinę, aż będzie chrupiąca i ugotowana.

c) Bułki przekrój na pół i ułóż na nich ugotowaną wieprzowinę, pokrojone w plasterki słodkie ziemniaki i salsę criolla.

d) Zamknij bułki i podawaj na gorąco.

9.Smażone Plantany

SKŁADNIKI:
- 2 zielone plantany
- Olej roślinny do smażenia
- Sól dla smaku

INSTRUKCJE:
a) Zacznij od obrania zielonych plantanów. W tym celu odetnij końcówki bananów i wykonaj wzdłużne nacięcie wzdłuż skóry. Usuń skórę, odciągając ją od babki.
b) Banany pokroić w grube plasterki o grubości około 2,5 cm.
c) Rozgrzej olej roślinny na głębokiej patelni lub patelni na średnim ogniu. Upewnij się, że jest wystarczająco dużo oleju, aby całkowicie zanurzyć plasterki babki lancetowatej.
d) Ostrożnie włóż plasterki babki lancetowatej na gorący olej i smaż je przez około 3-4 minuty z każdej strony lub do momentu, aż staną się złotobrązowe.
e) Wyjmij smażone plasterki babki lancetowatej z oleju i połóż je na talerzu wyłożonym ręcznikiem papierowym, aby odsączyć nadmiar oleju.
f) Weź każdy smażony kawałek babki lancetowatej i spłaszcz go za pomocą dna szklanki lub narzędzia kuchennego specjalnie zaprojektowanego do spłaszczania.
g) Włóż spłaszczone plasterki babki lancetowatej na gorący olej i smaż je przez dodatkowe 2-3 minuty z każdej strony, aż staną się chrupiące i złocistobrązowe.
h) Po usmażeniu do pożądanego poziomu chrupkości wyjmij patacones/smażone banany z oleju i połóż je na talerzu wyłożonym ręcznikiem papierowym, aby odsączyć nadmiar oleju.
i) Posyp patacones/smażone banany solą do smaku, gdy są jeszcze gorące.
j) Podawaj patacones/smażone banany jako dodatek lub jako bazę do dodatków lub nadzień, takich jak guacamole, salsa lub szatkowane mięso.

10. Ceviche z białej ryby

SKŁADNIKI:
- 1 funt świeżych filetów z białej ryby (takich jak flądra lub lucjan), pokrojonych na kawałki wielkości kęsa
- 1 szklanka świeżego soku z limonki
- 1 mała czerwona cebula, pokrojona w cienkie plasterki
- 1-2 świeże papryczki rocoto lub habanero, pozbawione nasion i drobno posiekane
- ½ szklanki posiekanej świeżej kolendry
- ¼ szklanki posiekanych świeżych liści mięty
- 2 ząbki czosnku, posiekane
- Sól dla smaku
- Świeżo zmielony czarny pieprz do smaku
- 1 słodki ziemniak, ugotowany i pokrojony w plasterki
- 1 kłos kukurydzy, ugotowany i usunięty z ziaren
- Liście sałaty, do podania

INSTRUKCJE:
a) W niereaktywnej misce połącz kawałki ryby z sokiem z limonki, upewniając się, że ryba jest całkowicie przykryta.
b) Pozostawić do marynowania w lodówce na około 20-30 minut, aż ryba stanie się nieprzezroczysta.
c) Odcedź sok z limonki z ryby i wylej go.
d) W osobnej misce wymieszaj marynowaną rybę z czerwoną cebulą, papryczką rocoto lub habanero, kolendrą, miętą i czosnkiem. Delikatnie wymieszaj do połączenia.
e) Dopraw solą i świeżo zmielonym czarnym pieprzem do smaku. Dostosuj ilość papryczek rocoto lub habanero w zależności od pożądanego poziomu pikanterii.
f) Pozostaw ceviche w marynacie w lodówce na dodatkowe 10-15 minut, aby smaki się połączyły.
g) Podawaj schłodzone ceviche na liściach sałaty, udekorowane plasterkami gotowanych słodkich ziemniaków i ziarnami kukurydzy.

11. Pikantne marynowane ceviche

SKŁADNIKI:
- 1 funt świeżych filetów rybnych (takich jak flądra, sola lub lucjan), pokrojonych w cienkie plasterki
- Sok z 3-4 limonek
- 2 łyżki pasty ají amarillo
- 2 ząbki czosnku, posiekane
- 1 łyżka sosu sojowego
- 1 łyżka oliwy z oliwek
- 1 łyżeczka cukru
- Sól dla smaku
- Pieprz do smaku
- Świeża kolendra, posiekana, do dekoracji
- Czerwona cebula, pokrojona w cienkie plasterki, do dekoracji
- Papryczka rocoto lub czerwona papryczka chili, pokrojona w cienkie plasterki, do dekoracji

INSTRUKCJE:
a) W płytkim naczyniu ułóż pokrojone w cienkie plasterki filety rybne.
b) W misce wymieszaj sok z limonki, pastę ají amarillo, mielony czosnek, sos sojowy, oliwę z oliwek, cukier, sól i pieprz. Mieszaj, aż dobrze się połączą.
c) Marynatą polej rybę tak, aby każdy plasterek był nią równomiernie pokryty.
d) Rybę należy marynować w lodówce przez około 10-15 minut. Kwasowość soku z limonki lekko „ugotuje" rybę.
e) Ułóż marynowane plastry ryby na półmisku.
f) Rybę polej odrobiną marynaty jako dressingiem.
g) Udekoruj tiradito/ceviche w stylu latynoamerykańskim posiekaną świeżą kolendrą, cienko pokrojoną czerwoną cebulą i pokrojoną w plasterki papryczką rokoto lub czerwoną papryczką chili.
h) Podawaj tiradito/ceviche w stylu latynoamerykańskim natychmiast jako przystawkę lub lekkie danie główne.

12. Tamales w stylu latynoamerykańskim

SKŁADNIKI:
- 2 szklanki masa harina (mąka kukurydziana)
- ½ szklanki oleju roślinnego
- 1 szklanka bulionu z kurczaka lub wieprzowiny
- 1 łyżeczka pasty aji Amarillo (żółta pasta chili w stylu latynoamerykańskim)
- ½ szklanki ugotowanego i rozdrobnionego kurczaka lub wieprzowiny
- 2 jajka na twardo, pokrojone w plasterki
- Do nadzienia pokrojone oliwki i rodzynki
- Liście bananów lub łuski kukurydzy do zawijania

INSTRUKCJE:

a) W dużej misce wymieszaj masę harinę, olej roślinny, bulion z kurczaka lub wieprzowiny i pastę aji Amarillo. Mieszaj, aż uzyskasz gładkie ciasto.

b) Weź liść bananowca lub łuskę kukurydzy, nałóż na niego łyżkę ciasta i rozprowadź.

c) Na środek ciasta dodaj kawałek jajka, trochę rozdrobnionego mięsa, oliwki i rodzynki.

d) Złóż liść bananowca lub łuskę kukurydzy, aby owinąć tamale, tworząc schludne opakowanie.

e) Gotuj tamales na parze przez około 45 minut do 1 godziny, aż będą ugotowane i twarde.

f) W razie potrzeby podawaj tamales z dodatkową salsą criolla lub sosem aji.

13. Ceviche z Czarnej Małży

SKŁADNIKI:
- 1 funt świeżych czarnych małży (conchas negras), oczyszczonych i pozbawionych łusek
- 1 czerwona cebula, pokrojona w cienkie plasterki
- 2-3 papryczki rokoto lub inne ostre papryczki chili, drobno posiekane
- 1 szklanka świeżo wyciśniętego soku z limonki
- ½ szklanki świeżo wyciśniętego soku z cytryny
- Sól dla smaku
- Świeże liście kolendry, posiekane
- Ziarna kukurydzy (opcjonalnie)
- Słodkie ziemniaki, ugotowane i pokrojone (opcjonalnie)
- Liście sałaty (opcjonalnie)

INSTRUKCJE:
a) Dokładnie opłucz czarne małże pod zimną wodą, aby usunąć piasek i piasek. Ostrożnie obierz małże, wyrzucając muszle i zachowując mięso. Mięso z małży pokroić na kawałki wielkości kęsa.
b) W niereaktywnej misce połącz posiekane czarne małże, plasterki czerwonej cebuli i papryczkę rocoto lub chili.
c) Wlać świeżo wyciśnięty sok z limonki i cytryny na mieszaninę małży, upewniając się, że wszystkie składniki są pokryte sokiem cytrusowym. Pomoże to „ugotować" małże.
d) Dopraw solą do smaku i delikatnie wszystko wymieszaj.
e) Przykryj miskę folią i wstaw do lodówki na około 30 minut do 1 godziny. W tym czasie kwas z soku cytrusowego będzie dalej marynował i „ugotował" małże.
f) Przed podaniem spróbuj ceviche i w razie potrzeby dopraw go.
g) Udekoruj świeżo posiekanymi liśćmi kolendry.
h) Opcjonalnie: Podawaj ceviche z gotowanymi ziarnami kukurydzy, pokrojonymi w plasterki słodkimi ziemniakami i liśćmi sałaty dla dodatkowej tekstury i dodatków.
i) Podawaj schłodzone Ceviche zConchas Negras/Black Clam Ceviche jako przystawkę lub danie główne. Rozkoszuj się nim z prażonymi ziarnami kukurydzy (cancha) lub chrupiącymi tortillami kukurydzianymi.
j) Uwaga: ważne jest, aby do ceviche używać świeżych i wysokiej jakości czarnych małży. Upewnij się, że małże pochodzą od sprawdzonych dostawców owoców morza i zostały odpowiednio oczyszczone przed użyciem.

14. Nadziewane Ziemniaki

SKŁADNIKI:

- 4 duże ziemniaki, obrane i pokrojone na ćwiartki
- 1 łyżka oleju roślinnego
- 1 mała cebula, drobno posiekana
- 2 ząbki czosnku, posiekane
- ½ funta mielonej wołowiny lub mielonego mięsa do wyboru
- 1 łyżeczka mielonego kminku
- ½ łyżeczki papryki
- Sól i pieprz do smaku
- 2 jajka na twardo, posiekane
- 12 oliwek, wypestkowanych i posiekanych
- Olej roślinny do smażenia

INSTRUKCJE:
a) Ziemniaki włóż do dużego garnka z osoloną wodą i zagotuj.
b) Gotuj ziemniaki, aż będą miękkie jak widelec, około 15-20 minut.
c) Odcedź ziemniaki i przełóż je do dużej miski.
d) Ziemniaki ugniatamy na gładką masę i odstawiamy.
e) Na patelni rozgrzej olej roślinny na średnim ogniu.
f) Dodaj posiekaną cebulę i posiekany czosnek i smaż, aż będą miękkie i przezroczyste.
g) Dodaj mieloną wołowinę na patelnię i smaż, aż będzie rumiana i całkowicie ugotowana. Duże kawałki mięsa rozdrobnij łyżką.
h) Mieszankę mięsną doprawiamy mielonym kminkiem, papryką, solą i pieprzem. Dobrze wymieszaj, aby przyprawy równomiernie się połączyły.
i) Zdejmij patelnię z ognia i dodaj posiekane jajka na twardo i oliwki.
j) Mieszaj wszystko, aż dobrze się połączy.
k) Weź porcję puree ziemniaczanego (mniej więcej wielkości małej piłki tenisowej) i spłaszcz ją w dłoni. Na środek spłaszczonego ziemniaka nałóż łyżkę masy mięsnej i uformuj ciasto ziemniaczane wokół nadzienia, tworząc kulkę. Powtórz proces z pozostałymi puree ziemniaczanym i mieszanką mięsną.
l) Na dużej patelni lub we frytkownicy rozgrzej wystarczającą ilość oleju roślinnego do smażenia na średnim ogniu. Ostrożnie włóż kulki ziemniaczane do gorącego oleju i smaż je, aż będą złocistobrązowe i chrupiące ze wszystkich stron. Wyjmij Papa Rellena/Nadziewane Ziemniaki z oleju i odsącz je na talerzu wyłożonym ręcznikiem papierowym.
m) Podawaj gorące Papa Rellena/Faszerowane Ziemniaki jako przystawkę lub danie główne. Można je spożywać samodzielnie lub z salsą criolla (tradycyjnym latynoamerykańskim przysmakiem cebulowo-pomidorowym) lub sosem aji (pikantnym sosem w stylu latynoamerykańskim).
n) Ciesz się pysznymi smakami Papa Rellena/Nadziewanych Ziemniaków, gdy są jeszcze ciepłe i chrupiące.

15. Paluszki Serowe Z Sosem Maczanym

SKŁADNIKI:
- 12 opakowań po bułkach jajecznych (lub opakowaniach wonton)
- 12 plasterków queso fresco (świeży biały ser)
- 1 roztrzepane jajko (do zaklejenia opakowania)
- olej do smażenia

Na sos do maczania:
- 2 łyżki pasty aji amarillo
- ¼ szklanki majonezu
- 1 łyżka soku z limonki
- Sól i pieprz do smaku

INSTRUKCJE:

a) Rozłóż opakowanie bułki jajecznej, połóż kawałek fresku queso na środku i zwiń, uszczelniając krawędzie ubitym jajkiem.
b) Na patelni rozgrzej olej do smażenia.
c) Smaż tequeño, aż będą złocistobrązowe i chrupiące.
d) Aby przygotować sos, wymieszaj pastę aji amarillo, majonez, sok z limonki, sól i pieprz.
e) Podawaj tequeño z sosem.

16. Frytki Yuca

SKŁADNIKI:
- 2 funty yuca (maniok), obrane i pokrojone w frytki
- olej do smażenia
- Sól dla smaku

INSTRUKCJE:

a) Rozgrzej olej we frytkownicy lub dużym garnku do temperatury 350°F (175°C).

b) Smażyć frytki yuca partiami, aż będą złociste i chrupiące, około 4-5 minut.

c) Wyjąć i odsączyć na ręcznikach papierowych.

d) Posyp solą i podawaj na gorąco.

17. Ceviche w stylu latynoamerykańskim

SKŁADNIKI:

- 1 funt białej ryby (takiej jak okoń morski lub sola), pokrojonej na małe kawałki
- 1 szklanka świeżego soku z limonki
- 1 czerwona cebula, drobno pokrojona
- 2-3 papryczki aji limo (lub inne ostre papryczki chili), drobno posiekane
- 1-2 ząbki czosnku, posiekane
- 1 słodki ziemniak, ugotowany i pokrojony w plasterki
- 1 kłos kukurydzy, ugotowany i pokrojony w krążki
- Świeża kolendra, posiekana
- Sól i pieprz do smaku

INSTRUKCJE:

a) W dużej misce wymieszaj rybę i sok z limonki. Kwas zawarty w soku z limonki „ugotuje" rybę. Pozostawiamy do marynowania na około 10-15 minut.

b) Do marynowanej ryby dodaj pokrojoną w plasterki czerwoną cebulę i papryczki aji limo. Dobrze wymieszaj.

c) Doprawiamy przeciśniętym przez praskę czosnkiem, solą i pieprzem.

d) Podawaj ceviche z plasterkami gotowanych słodkich ziemniaków, kawałkami kukurydzy i dodatkiem świeżej kolendry.

18.Ziemniaki w stylu Huancayo

SKŁADNIKI:
- 4 duże żółte ziemniaki
- 1 szklanka sosu aji amarillo (zrobionego z żółtych papryczek chili w stylu latynoamerykańskim)
- 1 szklanka queso fresco (świeżego sera w stylu latynoamerykańskim), pokruszonego
- 4 słone krakersy
- ¼ szklanki skondensowanego mleka
- 2 łyżki oleju roślinnego
- 2 jajka na twardo, pokrojone w plasterki
- Czarne oliwki do dekoracji
- Liście sałaty (opcjonalnie)

INSTRUKCJE:
a) Ziemniaki ugotuj do miękkości, obierz je i pokrój w krążki.
b) W blenderze połącz sos aji amarillo, fresk queso, słone krakersy, mleko skondensowane i olej roślinny. Mieszaj, aż uzyskasz kremowy sos.
c) Ułóż krążki ziemniaków na talerzu (w razie potrzeby na liściach sałaty).
d) Polać ziemniaki sosem Huancaína.
e) Udekoruj plasterkami jajka na twardo i czarnymi oliwkami.
f) Podawać na zimno.

19. Nadziewane Awokado

SKŁADNIKI:
- 2 dojrzałe awokado, przekrojone na pół i pozbawione pestek
- 1 puszka tuńczyka, odsączona
- ¼ szklanki majonezu
- ¼ szklanki posiekanej świeżej kolendry
- ¼ szklanki czerwonej cebuli, drobno posiekanej
- Sok limonkowy
- Sól i pieprz do smaku
- Liście sałaty do podania

INSTRUKCJE:

a) Ze środka każdej połówki awokado wydrąż miąższ, tak aby powstał wgłębienie.

b) W misce wymieszaj tuńczyka, majonez, kolendrę, czerwoną cebulę i odrobinę soku z limonki. Doprawić solą i pieprzem.

c) Napełnij połówki awokado masą z tuńczyka.

d) Podawać na liściach sałaty.

e) Ciesz się dodatkowymi przekąskami i przekąskami w stylu latynoamerykańskim!

20. Nadziewane Sardynki

SKŁADNIKI:

- 14 dużych (lub 20 małych sardynek)
- 14–20 świeżych liści laurowych
- 1 pomarańcza przekrojona wzdłuż na pół i pokrojona w plasterki
- na farsz
- 50 g porzeczek
- 4 łyżki oliwy z oliwek z pierwszego tłoczenia
- 1 cebula, drobno posiekana
- 4 ząbki czosnku, drobno posiekane
- szczypta pokruszonych suszonych chilli
- 75 g (3 uncje) świeżej białej bułki tartej
- 2 łyżki świeżo posiekanej natki pietruszki płaskolistnej
- 15 g (½ uncji) filetów anchois w oliwie z oliwek, odsączonych
- 2 łyżki małych posiekanych kaparów
- skórka z ½ małej pomarańczy plus sok pomarańczowy
- 25 g (1 uncja) drobno startego Pecorino lub parmezanu
- 50 g (2 uncje) orzeszków piniowych, lekko uprażonych

INSTRUKCJE:

a) Na farsz porzeczki zalać gorącą wodą i odstawić na 10 minut, żeby nabrały objętości. Na patelni rozgrzej oliwę, dodaj cebulę, czosnek i pokruszone suszone chilli i smaż delikatnie przez 6–7 minut, aż cebula będzie miękka, ale nie przyrumieniona. Zdejmij patelnię z ognia i dodaj bułkę tartą, pietruszkę, anchois, kapary, skórkę i sok pomarańczowy, ser i orzeszki piniowe. Porzeczki dobrze odcedź i wymieszaj, a następnie dopraw do smaku solą i pieprzem.

b) Nałóż około 1,5 łyżki farszu na głowę każdej sardynki i zwiń je w kierunku ogona. Ułóż je szczelnie w wysmarowanej oliwą płytkiej formie do pieczenia .

c) Rybę lekko dopraw solą i pieprzem, skrop niewielką ilością oleju i piecz przez 20 minut. Podawać w temperaturze pokojowej lub na zimno jako część asortymentu przystawek.

21.Pikantne krewetki po brazylijsku

SKŁADNIKI:
- 2 funty krewetek Jumbo, obranych i oczyszczonych
- 1 łyżka mielonego czosnku
- 1 łyżka drobno posiekanego świeżego czerwonego chili cayenne, pozbawionego nasion
- ½ szklanki oliwy z oliwek z pierwszego tłoczenia, najlepiej importowanej z Brazylii
- ½ szklanki oliwy z oliwek Extra Virgin
- Sos z czerwonej papryki, do smaku

INSTRUKCJE:

a) W szklanym naczyniu do pieczenia wrzuć krewetki z czosnkiem, chilli i oliwą z oliwek. Przykryć i marynować, przechowywać w lodówce, przez co najmniej 24 godziny. Rozgrzej grill lub brojler i smaż krewetki, od czasu do czasu smarując marynatą, przez 2 do 3 minut z każdej strony.

b) W małej misce wymieszaj ½ szklanki oliwy z oliwek i sos z czerwonej papryki, do smaku.

c) Podawaj gorące grillowane krewetki z sosem.

PRZYSTAWKA

22.Pozole

SKŁADNIKI:
- 1-1/2 szklanki suszonego hominy
- 1/2 szklanki posiekanej cebuli
- 1/2 szklanki pieczonych, obranych i posiekanych świeżych zielonych chili z Nowego Meksyku, Anaheim lub Poblano
- 1 łyżeczka suszonego oregano w liściach
- 1/4 szklanki posiekanego pomidora
- 3/4 łyżeczki soli
- 1/2 łyżeczki świeżo zmielonego czarnego pieprzu

INSTRUKCJE:

a) Namocz homine. Dzień przed planowanym podaniem Pozole włóż hominy do miski, zalej kilkucentymetrową wodą i pozostaw do namoczenia w temperaturze pokojowej na 24 godziny.

b) Ugotuj Pozole. Odcedź homine i wylej wodę, w której się moczyła. Hominy opłucz, włóż do garnka i zalej 2-centymetrową ilością wody. Doprowadź do wrzenia, dodaj pozostałe składniki i gotuj na wolnym ogniu pod częściowym przykryciem, aż ziarna będą al dente i będą sprawiać wrażenie, że zaraz pękną, czyli około 2–2–1/2 godziny.

c) Odkryć garnek i dalej dusić, aż prawie cały płyn odparuje.

23. Grillowany kaktus opuncji

SKŁADNIKI:
- 4 średniej wielkości, ale cienkie łopatki opuncji, sól
- Spray do gotowania

INSTRUKCJE:

a) Rozpal ogień węglem drzewnym lub drewnem lub rozgrzej grill gazowy do maksymalnej temperatury.

b) Przygotuj kaktusa. Usuń kolce lub węzły z łopatek za pomocą noża do obierania lub końca obieraczki do warzyw, używając szczypiec i zachowując szczególną ostrożność, aby nie zranić się kolcami. Odetnij i wyrzuć około 1/4 cala z obwodu każdej łopatki. Wykonaj równoległe plasterki na łopatkach wzdłuż w odległości około 1 cala od siebie, od zaokrąglonych wierzchołków do odległości około 2 cali od podstawy każdej łopatki. Zasyp łopatki taką ilością soli, aby przykryła obie strony i odstaw na 15 minut na durszlak lub na talerz.

c) Grilluj kaktusa. Spłucz sól, osusz kaktusa i obficie spryskaj obie strony sprayem kuchennym. Grilluj z obu stron do miękkości i podawaj z grillowanymi potrawami.

24. Papryczki chili Szerokości Nadziewany

SKŁADNIKI:
DLA CHILI
- 1 łyżka oleju
- 2 szklanki cienko pokrojonej białej cebuli
- 3 ząbki czosnku, obrane i rozgniecione
- 2 łyżki pasty z tamaryndowca rozpuścić w 2 szklankach gorącej wody
- 1 szklanka melao (syropu trzcinowego) lub brązowego cukru
- 1/2 łyżeczki suszonych liści oregano
- 1/2 łyżeczki suszonego tymianku
- 1/2 łyżeczki soli
- 8 średnich i dużych papryczek ancho, rozciętych z jednej strony i usuniętych nasion

DO WYPEŁNIENIA
- 4 szklanki pieczonych słodkich ziemniaków z czosnkiem
- Pieczone marchewki
- 2 uncje sera koziego, startego
- Szczypta soli
- 2 łyżeczki oliwy z oliwek z pierwszego tłoczenia

INSTRUKCJE:
a) Przygotuj chili. Rozgrzej olej na małym lub średnim ogniu w średniej wielkości rondlu. Dodać cebulę i smażyć, aż lekko się zrumieni. Dodaj czosnek i smaż kolejną minutę.

b) Wymieszaj wodę o smaku tamaryndowca, melao, oregano, tymianek i sól.

c) Dodaj chili, przykryj i gotuj na wolnym ogniu przez 10 minut.

d) Zdjąć patelnię z ognia, odkryć i studzić przez co najmniej 10 minut.

e) Zrób nadzienie. Podczas gdy chili ostygną, połącz słodkie ziemniaki i/lub marchewkę z freskiem queso lub panelą. Wymieszaj sól i olej, wymieszaj z warzywami.

f) Napełnij i podawaj chili. Za pomocą dużej łyżki cedzakowej usuń chili na sitko i odsącz je na 5 minut.

g) Ostrożnie nałóż około 1/4 szklanki nadzienia do każdego chili i połóż po 2 na każdym z czterech talerzy. Na każdą porcję nałóż odrobinę cebuli i posyp serem. Podawać w temperaturze pokojowej.

25. Fasola w stylu latynoamerykańskim

SKŁADNIKI:
- 1 funt Fasola, suszona
- 1 Cebula pokrojona w kostkę
- ¼ Zielony pieprz, pokrojony w kostkę
- 3 Ząbki czosnku, pokrojone w kostkę
- 8 uncji Sos pomidorowy
- 2 łyżki stołowe Oliwa z oliwek
- 2 łyżeczki Sól
- 1 łyżeczka Sól
- 2 kubki Woda
- 1 filiżanka Ryż długoziarnisty

INSTRUKCJE:

a) PRZYGOTOWANIE FASOLI: Fasolę namoczyć na co najmniej dwie godziny (można też na noc). Zmień wodę i zagotuj.
b) Dodać cebulę, pieprz i czosnek; przykryć i dusić przez 1 godzinę.
c) Dodać sos pomidorowy, oliwę i sól: przykryć i dusić jeszcze 1 godzinę.
d) Doprowadź wodę do wrzenia. Dodaj ryż i sól.
e) Przykryj i gotuj na wolnym ogniu przez 20 minut.

SIEĆ ELEKTRYCZNA

26.Zupa galicyjska

SKŁADNIKI:

- ½ funta Suszona biała fasola; namoczone przez noc,
- I osuszone
- 1 funt Kurze udka
- ½ funta Kiełbasa chorizo w stylu hiszpańskim lub latynoamerykańskim; pokroić na kawałki 1/2 cala
- ½ funta Szynka; posiekana
- ¼ funta Solona wieprzowina; pokrojone w kostkę
- 1 średni Żółta cebula; obrane i posiekane
- 3 Ząbki czosnku; obrane i posiekane
- 2 łyżeczki sos Worcestershire
- Sos tabasco; kilka kresek do smaku
- 2½ kwarty Woda
- ½ funta Ziemniaki; obrane, poćwiartowane,
- I pokrojone
- ½ funta Zielona kapusta; pokrojone w cienkie plasterki
- 2 kubki Jarmuż; usunięto twarzłodygi,
- I pokrojony w cienkie plasterki
- ½ funta Rzepa; obrane, poćwiartowane,
- I pokrojone
- Sól; do smaku
- Świeżo zmielony czarny pieprz; do smaku
- Posiekany świeży koperek do dekoracji; (opcjonalny)

INSTRUKCJE:

a) Umieść odsączoną fasolę, kurczaka, chorizo, szynkę, soloną wieprzowinę, cebulę, czosnek, sos Worcestershire, sos Tabasco i wodę w garnku do zupy o pojemności od 6 do 8 litrów.

b) Doprowadź do wrzenia, a następnie zmniejsz ogień. Gotuj pod przykryciem przez 45 minut.

c) Wyjmij kawałki kurczaka z garnka i usuń kości. Odłóż mięso na bok i usuń kości. Do garnka dodaj pozostałe składniki oprócz soli, pieprzu i kurczaka. Dusić pod przykryciem przez 25 minut, następnie dodać sól i pieprz.

d) Mięso z kurczaka włóż z powrotem do garnka i gotuj jeszcze przez kilka minut. Posyp opcjonalnym koperkiem.

27. Wieprzowina i fasola

SKŁADNIKI:

- 1 łyżka stołowa Olej rzepakowy
- 6 Żeberka ze schabu wieprzowego
- 1 średni Marchew – kostki 1/2 cala
- 2 media Cebula - pokrojona w kostkę
- 6 Ząbki czosnku
- 3 Liście laurowe
- 1 łyżeczka Oregano
- 1 funt Można całe pomidory
- 1 mały Papryczka Jalapeno – posiekana
- 2 łyżeczki Sól
- 1 funt Suszona fasola
- 1 pęczek Kolendra

INSTRUKCJE:

a) W solidnym rondlu rozgrzej olej. Gdy będzie już gorąca, włóż wieprzowinę w jednej warstwie i smaż na średnim ogniu przez około 30 minut, obracając, aż będzie rumiana ze wszystkich stron. Dodaj 4 szklanki zimnej wody i wszystkie pozostałe składniki oprócz posiekanych liści kolendry.

b) Doprowadzić do wrzenia, zmniejszyć ogień do małego, przykryć i gotować na wolnym ogniu przez 1+¾ do 2 godzin, aż mięso będzie miękkie.

c) Podzielić na cztery osobne talerze, posypać posiekanymi liśćmi kolendry i podawać z żółtym ryżem.

28.Czerwona fasola i ryż

SKŁADNIKI:
- ¼ szklanki Oliwa z oliwek
- 2 kubki Posiekana cebula
- 1 łyżka stołowa Mielony czosnek
- 1 funt Suszona czerwona fasola; wypłukane, namoczone; i osuszony (do)
- 5 filiżanek Bulion z kurczaka
- 2 Liście laurowe
- 1 Kawałek laski cynamonu
- Sos ostry paprykowy do smaku

INSTRUKCJE:
a) Rozgrzej olej w dużym, ciężkim rondlu. Dodać cebulę i smażyć, mieszając, aż pokryje się olejem. Przykryj i gotuj na bardzo małym ogniu, mieszając od czasu do czasu, aż uzyskasz złoty kolor, około 15 minut. Wmieszać czosnek i smażyć bez przykrycia przez 3 minuty.

b) Do cebuli dodać fasolę i bulion. Podgrzać do wrzenia i gotować pod przykryciem na małym ogniu przez 2 godziny. Dodać liście laurowe i cynamon. Przykryj i kontynuuj gotowanie, aż fasola będzie bardzo miękka, czyli około 1 godziny dłużej.

c) Dopraw solą i ostrym sosem z czerwonej papryki. Fasolę można przygotować do 24 godzin przed podaniem. Podgrzej ponownie, jeśli to konieczne, dodając dodatkowy bulion.

29. Lód ryżowy z groszkiem gołębim

SKŁADNIKI:

- ½ funta Suszony gandules (groch gołębi); spłukany
- 3 filiżanki Woda
- 1 uncja Solona wieprzowina; posiekane małe
- 2 Ząbki czosnku; obrane i zmiażdżone
- 1 łyżka stołowa Oliwa z oliwek
- 1 średni Czerwona papryka; rdzeniowe, nasienne,
- I drobno posiekane
- 1 średni Zielona papryka; rdzeniowe, nasienne,
- I drobno posiekane
- 1 średni Żółta cebula; posiekane małe
- 1 średni Pomidor; posiekane małe
- 1 łyżka stołowa Olej Annato
- 1 filiżanka Ryż przerobiony przez wujka Bena
- Świeżo zmielony czarny pieprz; do smaku
- 2 kubki Zimna woda
- Sól; do smaku

INSTRUKCJE:

a) W małym garnku zagotuj gandule i 3 szklanki wody. Przykryj, wyłącz ogień i odstaw na 1 godzinę.

b) Groszek odcedzamy, zachowując wodę. W garnku o pojemności 6 litrów podsmaż soloną wieprzowinę, szynkę i czosnek na oliwie z oliwek przez kilka minut. Dodaj obie papryki i cebulę, przykryj i smaż na średnim ogniu, aż cebula zacznie robić się przezroczysta.

c) Dodaj pomidora, odsączone gandule i 1 ½ szklanki zarezerwowanej wody. Dusić pod przykryciem na małym ogniu przez 15 minut, aż groszek będzie prawie miękki i odparuje większość płynu.

d) Wymieszaj olej annatto, ryż, czarny pieprz i 2 szklanki zimnej wody.

e) Doprowadzić do wrzenia i gotować pod przykryciem przez 15 do 20 minut, aż płyn zostanie wchłonięty, a ryż będzie miękki. W razie potrzeby dodaj sól.

30.Asopado z owoców morza

SKŁADNIKI:
- 1 Cebula; pokrojone w kostkę
- 1 Czerwona papryka; pokrojone w kostkę
- 1 Zielony pieprz; pokrojone w kostkę
- 2 Kawałki selera; pokrojone w kostkę
- Skorupki krewetek z dania ryżowego
- Skorupy homara z dania z ryżu
- ½ szklanki białe wino
- ½ szklanki Sos pomidorowy
- 2 kwarty Woda
- 1 Cebula; pokrojone w kostkę
- 1 Czerwona papryka; pokrojone w kostkę
- 1 Zielony pieprz; pokrojone w kostkę
- 2 Pieczone papryczki; pokrojone w kostkę
- 2 kubki Ryż
- 8 filiżanek Zapas owoców morza
- ½ funta Mięso kraba
- 1 szczypta Szafran
- 1 funt Homar; gotowane na parze
- ½ funta Krewetka
- ½ szklanki Słodki groszek

INSTRUKCJE:
a) Podsmaż cebulę, paprykę i seler. Dodaj muszle i gotuj przez 5 minut. Dodać białe wino i sos pomidorowy. Dodaj wodę i gotuj przez 45 minut. Odcedź i zachowaj zapasy.
b) Podsmaż cebulę, paprykę i dodaj pieczoną paprykę. Dodaj ryż i smaż, aż będzie przezroczysty
c) Dodaj bulion z owoców morza, mięso krabowe i szafran, gotuj przez około 15 minut na małym ogniu. Dodaj homara, krewetki i groszek. Podgrzać 3 minuty przed podaniem

31. Domowe wegańskie chorizo

SKŁADNIKI:
- 1 blok (12 uncji) Tofu, bardzo twarde
- ½ funta grzybów, drobno posiekanych
- 6 Chile guajillo, suszone, posiane
- 2 Chile Ancho, suszona, pozbawiona nasion
- 4 Chile zArbol, suszone
- 4 ząbki czosnku
- 1 łyżka. Oregano, suszone
- ½ łyżeczki Kminek, mielony
- 2 goździki, całe
- 1 łyżka. Papryka, mielona
- ½ łyżeczki Kolendra, mielona
- 2 łyżki stołowe. Olej roślinny, opcjonalnie

INSTRUKCJE:

a) Wyjmij tofu z opakowania i umieść pomiędzy dwoma małymi talerzami. Na talerzach połóż puszkę i pozostaw tak na 30 minut.

b) Zagotuj mały garnek wody. Usuń łodygi i nasiona z chili i wyrzuć je. Wrzuć chilli do wrzącej wody. Zmniejsz ogień do najniższego poziomu i pozostaw papryczki chili w wodzie na 10 minut.

c) Wyjmij chili z wody i włóż do blendera. Zarezerwuj ½ szklanki płynu do namaczania chili.

d) Do blendera dodaj czosnek, oregano, kminek, goździki, paprykę, kolendrę i ¼ szklanki płynu z moczenia i zmiksuj na gładką masę. Jeśli to konieczne, dodaj pozostałą ¼ szklanki płynu do namaczania, aby wszystko ruszyło w blenderze.

e) Dopraw mieszaninę chili solą i pieprzem i przetrzyj przez drobne sitko. Odłożyć na bok.

f) Odcedź wodę z tofu i rozdrobnij rękoma do dużej miski. Do miski z tofu wlej połowę puree z chili i wymieszaj. Odłożyć na bok.

g) Rozgrzej dużą patelnię do smażenia na dużym ogniu i dodaj 1 łyżkę. z oleju. Gdy olej się rozgrzeje, dodaj drobno posiekane grzyby i kontynuuj smażenie, aż grzyby zaczną się brązowieć, około 6-7 minut.

h) Zmniejsz ogień do średniego i wlej pozostałą połowę mieszanki chili. Mieszaj i kontynuuj gotowanie przez 3-4 minuty, aż grzyby zaczną wchłaniać mieszaninę chili. Zdjąć z patelni i umieścić w dużej misce.

i) Rozgrzej patelnię z powłoką nieprzywierającą na średnim ogniu, dodaj 1 łyżkę. z oleju. Dodaj mieszaninę tofu i kontynuuj gotowanie, aż płyn zacznie odparowywać, a tofu stanie się chrupiące, 7-8 minut. Możesz zrobić tofu tak chrupiące, jak lubisz. (Uważaj, aby nie przepełnić patelni, w przeciwnym razie tofu nigdy nie będzie chrupiące.)

j) Ugotowaną masę tofu wlać do miski z grzybami i dobrze wymieszać do połączenia. Dostosuj przyprawę.

32. Utopione Ciasto

SKŁADNIKI:
TORTY:
- 2 bułki Bolillo lub bagietki o długości 6 cali, podzielone na pół
- 1 szklanka smażonej fasoli, używając czarnej fasoli
- 1 Dojrzałe awokado Hass, pozbawione pestek, obrane

SOS:
- 30 Chiles zArbol, łodygowe, zaszczepione i nawodnione
- 3 ząbki czosnku
- 1 szklanka wody
- 1 łyżeczka. Suszone oregano w stylu latynoamerykańskim
- 1/2 łyżeczki Mielony kminek
- 1/2 łyżeczki Świeżo zmielony czarny pieprz
- 1/8 łyżeczki Zmielone goździki
- 1 łyżeczka. Sól

DODATKI:
- 2 Rzodkiewki, pokrojone w cienkie plasterki
- 8 do 12 Białej marynowanej cebuli, podzielonej na krążki
- Ćwiartki limonki

INSTRUKCJE:
TORTY
a) Lekko podsmaż bułki lub bagietki. Podgrzej fasolę i równomiernie rozłóż ją na każdej bułce. Dodaj plasterki awokado. Ułóż kanapki w miseczkach.

SOS:
b) W blenderze lub robocie kuchennym zmiksuj nawodnione chiles zárbol, czosnek, wodę z oregano w stylu latynoamerykańskim , kminek, pieprz, goździki i sól. (Odcedź, jeśli chcesz uzyskać bardzo gładki sos.)

c) Sosem polej kanapki. Udekoruj kanapki pokrojonymi w plasterki rzodkiewkami i marynowaną cebulą i podawaj z cząstkami limonki. Zjedz te torty widelcem i dużą ilością serwetek.

33.Ryż sierocy

SKŁADNIKI:

- Ryż Szafranowy
- 1 łyżka substytutu oleju kuchennego
- 1/2 szklanki blanszowanych i posiekanych migdałów
- 1/3 szklanki orzeszków piniowych
- 3 uncje szynki o niższej zawartości sodu, drobno posiekanej

INSTRUKCJE:

a) Podsmaż orzechy. Podczas gotowania ryżu szafranowego rozgrzej patelnię na średnim ogniu. Dodaj olej kuchenny, a gdy się rozpuści, dodaj orzechy.

b) Smaż orzechy, ciągle mieszając, aż migdały zaczną się złocić. Zdejmij patelnię z ognia, dodaj szynkę i odłóż na bok.

c) Dokończ ryż. Po dodaniu pietruszki do ryżu szafranowego, dodaj ugotowane orzechy i szynkę, przykryj garnek i pozwól ryżowi parzyć przez ostatnie 10 minut.

34. Fasola Doniczkowa

SKŁADNIKI:
- 4 litry wody
- 3 łyżki soli
- 1-funtowa fasola pinto lub czarna fasola
- 3 ząbki czosnku, posiekane
- 1/3 szklanki posiekanej białej cebuli
- 1 łyżeczka suszonego oregano w liściach
- 1 kwarta wody i trochę więcej, jeśli to konieczne
- 2 gałązki epazote (opcjonalnie z czarną fasolą)
- Sól dla smaku

INSTRUKCJE:

a) Podgrzej i namocz fasolę. Do garnka włóż 4 litry wody, sól i fasolę.

b) Doprowadzić do całkowitego wrzenia, przykryć garnek, zdjąć z ognia i odstawić fasolę na 1 godzinę.

c) Wylej wodę, w której się moczyły, dokładnie opłucz fasolę, opłucz garnek i ponownie włóż do niego fasolę.

d) Dokończ fasolę. Do blendera włóż czosnek, cebulę, oregano i 1 szklankę wody i zmiksuj na purée. Dodaj jeszcze 3 szklanki wody i krótko zmiksuj.

e) Zmieszany płyn wlewamy do garnka z fasolą, doprowadzamy do wrzenia i dodajemy epazote, jeśli go używamy. Gotuj fasolę pod przykryciem z wyjątkiem około 1/2 cala lub na tyle, aby umożliwić ujście pary, aż będą miękkie.

35. Charro lub pijana fasola

SKŁADNIKI:
- Fasola Doniczkowa
- 1/2 łyżki oliwy z oliwek extra virgin
- 1-1/2 uncji (około 3 łyżek stołowych) chorizo w stylu latynoamerykańskim, obranego i drobno posiekanego
- 3/4 szklanki posiekanej białej cebuli
- 2 ząbki czosnku, drobno posiekane
- 1 łyżka drobno posiekanego chili Serrano
- 1 szklanka rozdrobnionych pomidorów
- 1/2 łyżki suszonych liści oregano
- 1/4 szklanki luźno zapakowanej kolendry

INSTRUKCJE:
a) Podsmaż i dodaj warzywa. Gdy Fasola Doniczkowa będą już prawie gotowe, rozgrzej oliwę z oliwek na patelni na średnim ogniu. Dodaj chorizo i smaż, aż wytopi się większość tłuszczu. Dodaj cebulę, czosnek i chili i kontynuuj smażenie, aż zaczną mięknąć.

b) Dodaj pomidory i oregano i kontynuuj gotowanie, aż rozdrobnione pomidory zaczną gęstnieć i stracą swój delikatny smak, około 5 minut.

c) Dodać kolendrę i wlać zawartość patelni do fasoli.

d) Dokończ fasolę. Dodaj sól i gotuj przez 5 minut.

36. Fasolki Smażone

SKŁADNIKI:
- 2 szklanki Fasola Doniczkowa z fasoli pinto lub czarnej, albo z fasoli lekko solonej lub niesolonej, bulion zarezerwowany
- 1 szklanka bulionu fasolowego
- 2 łyżeczki posiekanego chili chipotle
- 1/2 łyżeczki mielonego kminku
- 1/2 łyżeczki suszonych liści oregano
- 2 łyżki oliwy z oliwek extra virgin
- 2 ząbki czosnku, posiekane

INSTRUKCJE:
a) Przetwórz fasolę. Włóż fasolę do robota kuchennego i dodaj bulion, chili chipotle, kminek i oregano. Miksuj, aż fasola będzie gładka. Jeśli fasola wydaje się zbyt gęsta, dodaj więcej bulionu.
b) Ugotuj fasolę. Rozgrzej patelnię na średnim ogniu i dodaj tłuszcz lub olej. Dodaj czosnek i gotuj przez kilka sekund, a następnie dodaj puree z fasoli. Gotuj, ciągle mieszając, aż fasola się rozgrzeje i będzie tak gęsta lub cienka, jak lubisz.
c) Jeśli chcesz, podawaj posypane serem.

37. Fasola w stylu Święty Maria

SKŁADNIKI:

- 1 funt namoczonej fasoli pinquito
- 1 łyżka oliwy z oliwek extra virgin
- 1/2 szklanki szynki o niższej zawartości sodu, pokrojonej w kostkę o grubości 1/4 cala
- 3 ząbki czosnku, posiekane
- 3/4 szklanki zmiażdżonych pomidorów
- 1/4 szklanki sosu chili
- 1 łyżka nektaru z agawy lub cukru
- 2 łyżki posiekanej natki pietruszki

INSTRUKCJE:

a) Ugotuj fasolę. Odcedź fasolę, włóż ją do garnka i zalej wodą na głębokość około 1 cala. Doprowadzić do wrzenia, częściowo przykryć garnek i gotować na wolnym ogniu, aż będą miękkie, 45–90 minut. Sprawdzaj je często, ponieważ prawdopodobnie od czasu do czasu będziesz musiał dodać więcej wody.

b) Przygotuj sos przyprawowy.

c) Wlej oliwę z oliwek na patelnię i postaw na średnim ogniu, dodaj czosnek i smaż 1 minutę. Dodaj pomidory, sos Chile, nektar z agawy i sól i gotuj na wolnym ogniu, aż sos zacznie gęstnieć, 2–3 minuty.

d) Dokończ fasolę. Gdy fasola będzie miękka, odlej cały płyn oprócz około 1/2 szklanki i dodaj sos przyprawowy. Gotuj fasolę przez 1 minutę, dodaj natkę pietruszki i podawaj.

TACOS

38. Rajas z Krem Tacos

SKŁADNIKI:
POŻYWNY:
- 5 papryczek Poblano, uprażonych, obranych, pozbawionych nasion, pokrojonych w paski
- 1/4 wody
- 1 Cebula, biała, duża, pokrojona w cienkie plasterki
- 2 ząbki czosnku, posiekane
- ½ szklanki wywaru lub bulionu warzywnego

KREMA
- ½ szklanki migdałów, surowych
- 1 ząbek czosnku
- ¾ szklanki wody
- ¼ szklanki mleka migdałowego, niesłodzonego lub oleju roślinnego
- 1 łyżka. Świeży sok z cytryny

INSTRUKCJE:
a) Rozgrzej dużą patelnię do smażenia na średnim ogniu, dodaj wodę. Dodaj cebulę i smaż przez 2-3 minuty lub do momentu, aż będzie miękka i przezroczysta.

b) Dodaj czosnek i ½ szklanki bulionu warzywnego, przykryj i poczekaj, aż wyparuje.

c) Dodaj paprykę Poblano i gotuj jeszcze przez 1 minutę. Doprawić solą i pieprzem. Zdjąć z ognia i lekko ostudzić.

d) Włóż migdały, czosnek, wodę, mleko migdałowe i sok z cytryny do blendera i zmiksuj na gładką masę. Doprawić solą i pieprzem.

e) Na schłodzone nadzienie wylać krem migdałowy i dobrze wymieszać.

39. Tacos ze słodkich ziemniaków i marchewki Tinga

SKŁADNIKI:
- 1/4 szklanki wody
- 1 szklanka Cienko pokrojonej białej cebuli
- 3 ząbki czosnku, posiekane
- 2 1/2 szklanki startych słodkich ziemniaków
- 1 szklanka startej marchewki
- 1 puszka (14 uncji) pokrojonych w kostkę pomidorów
- 1 łyżeczka. Oregano w stylu latynoamerykańskim (opcjonalnie)
- 2 papryczki chipotle w adobo
- 1/2 szklanki wywaru warzywnego
- 1 awokado, pokrojone w plasterki
- 8 tortilli

INSTRUKCJE:
a) Na dużej patelni na średnim ogniu dodaj wodę i cebulę, smaż przez 3-4 minuty, aż cebula będzie przezroczysta i miękka. Dodaj czosnek i kontynuuj smażenie, mieszając przez 1 minutę.
b) Na patelnię dodaj słodkie ziemniaki i marchewkę i smaż przez 5 minut, często mieszając.
c) Sos:
d) Umieść pokrojone w kostkę pomidory, bulion warzywny, oregano i papryczki chipotle w blenderze i zmiksuj na gładką masę.
e) Dodaj sos chipotle-pomidorowy na patelnię i smaż przez 10-12 minut, od czasu do czasu mieszając, aż słodkie ziemniaki i marchewka będą ugotowane. Jeśli to konieczne, dodaj do patelni więcej bulionu warzywnego.
f) Podawać na ciepłych tortillach i posypać plasterkami awokado.

40.Tacos z ziemniakami i chorizo

SKŁADNIKI:
- 1 łyżka. Olej roślinny, opcjonalnie
- 1 szklanka cebuli, białej, posiekanej
- 3 szklanki ziemniaków, obranych i pokrojonych w kostkę
- 1 szklanka wegańskiej chorizo, ugotowanej
- 12 tortilli
- 1 szklanka Twojej ulubionej salsy

INSTRUKCJE:

a) Podgrzej 1 łyżkę. oleju na dużej patelni na średnim ogniu. Dodaj cebulę i smaż, aż będzie miękka i przezroczysta, około 10 minut.

b) Podczas gdy cebula się gotuje, włóż pokrojone ziemniaki do małego rondla z osoloną wodą. Doprowadź wodę do wrzenia na dużym ogniu. Zmniejsz ogień do średniego i pozwól ziemniakom gotować się przez 5 minut.

c) Ziemniaki odcedzamy i wrzucamy na patelnię z cebulą. Zwiększ temperaturę do średnio-wysokiej. Gotuj ziemniaki i cebulę przez 5 minut lub do momentu, aż ziemniaki zaczną się rumienić. W razie potrzeby dodać więcej oleju.

d) Dodaj ugotowane chorizo na patelnię i dobrze wymieszaj. Gotuj jeszcze przez minutę.

e) Doprawić solą i pieprzem.

f) Podawać z ciepłymi tortillami i wybraną salsą.

41. Letnie Tacos Calabacy

SKŁADNIKI:

- 1/2 szklanki bulionu warzywnego
- 1 szklanka cebuli, białej, drobno pokrojonej
- 3 ząbki czosnku, posiekane
- ¼ szklanki bulionu warzywnego lub wody
- 2 Cukinie, duże, pokrojone w kostkę
- 2 szklanki pomidorów, pokrojonych w kostkę
- 10 tortilli
- 1 awokado, pokrojone w plasterki
- 1 szklanka ulubionej salsy

INSTRUKCJE:

a) W dużym garnku o grubym dnie, ustaw na średni ogień; Duś cebulę w 1/4 szklanki bulionu warzywnego przez 2 do 3 minut, aż cebula stanie się przezroczysta.

b) Dodać czosnek i zalać pozostałą ¼ szklanki bulionu warzywnego, przykryć i odparować.

c) Odkryj, dodaj cukinię i smaż przez 3-4 minuty, aż zacznie mięknąć.

d) Dodaj pomidora i gotuj jeszcze przez 5 minut lub do momentu, aż wszystkie warzywa będą miękkie.

e) Dopraw do smaku i podawaj na ciepłych tortillach z plasterkami awokado i salsą.

42.Pikantne Tacos z Cukinią i Czarną Fasolą

SKŁADNIKI:
- 1 łyżka. Olej roślinny, opcjonalnie
- ½ białej cebuli, pokrojonej w cienkie plasterki
- 3 ząbki czosnku, posiekane
- 2 Cukinie w stylu latynoamerykańskim, duże, pokrojone w kostkę
- 1 puszka (14,5 uncji) czarnej fasoli, odsączonej

SOS CHILE ZARBOL:
- 2 - 4 Chile zArbol, suszone
- 1 szklanka migdałów, surowych
- ½ cebuli, biała, duża
- 3 ząbki czosnku, nieobrane
- 1 ½ szklanki wywaru warzywnego, ciepłego

INSTRUKCJE:
a) Rozgrzej olej roślinny na średnim ogniu na dużej patelni. Dodaj cebulę i smaż przez 2-3 minuty lub do momentu, aż cebula będzie miękka i przezroczysta.
b) Dodaj ząbki czosnku i smaż przez 1 minutę.
c) Dodaj cukinię i gotuj do miękkości, około 3-4 minut. Dodaj czarną fasolę i dobrze wymieszaj. Gotuj jeszcze przez 1 minutę. Doprawić solą i pieprzem.
d) Aby przygotować sos: rozgrzej patelnię grillową, patelnię Comal lub żeliwną na średnim ogniu. Smażyć chili z każdej strony, aż będą lekko przypieczone, około 30 sekund z każdej strony. Zdjąć z patelni i odstawić.
e) Dodaj migdały na patelnię i praż na złoty kolor, około 2 minut. Zdjąć z patelni i odstawić.
f) Podsmaż cebulę i czosnek, aż się lekko zwęgli, około 4 minuty z każdej strony.
g) Do blendera włóż migdały, cebulę, czosnek i chili. Dodaj ciepły bulion warzywny. Przetwarzaj, aż będzie gładka. Doprawić solą i pieprzem. Sos powinien być gęsty i kremowy.

43. Tacos z wołowiną w stylu bawolym

SKŁADNIKI:
- 1 funt mielonej wołowiny (95% chudej wołowiny)
- 1/4 szklanki sosu z pieprzu cayenne do skrzydełek Buffalo
- 8 muszli taco
- 1 szklanka sałaty pokrojonej w cienkie plasterki
- 1/4 szklanki o obniżonej zawartości tłuszczu lub zwykłego sosu z sera pleśniowego
- 1/2 szklanki startej marchewki
- 1/3 szklanki posiekanego selera
- 2 łyżki posiekanej świeżej kolendry
- Paluszki marchewkowo-selerowe lub gałązki kolendry (opcjonalnie)

INSTRUKCJE:
a) Podgrzej dużą patelnię z powłoką nieprzywierającą na średnim ogniu, aż będzie gorąca. Dodaj mieloną wołowinę; gotować 8 do 10 minut, rozpadając się na małe kawałki i od czasu do czasu mieszając. Zdjąć z patelni łyżką cedzakową; wylać krople. Wróć na patelnię; wymieszać z sosem pieprzowym. Gotuj i mieszaj przez 1 minutę lub do momentu podgrzania.

b) W międzyczasie podgrzej muszle taco zgodnie z instrukcją na opakowaniu.

c) Równomiernie nałóż mieszankę wołową na muszle taco. Dodaj sałatę; polać dressingiem. Na wierzch równomiernie połóż marchewkę, seler i kolendrę. W razie potrzeby udekoruj paluszkami marchewki i selera lub gałązkami kolendry.

44. Okłady z taco z wołowiną

SKŁADNIKI:

- 3/4 funta cienko pokrojonej wołowiny delikatesowej
- 1/2 szklanki beztłuszczowego dipu z czarnej fasoli
- 4 duże (około 10 cali średnicy) tortille z mąki
- 1 szklanka sałaty pokrojonej w cienkie plasterki
- 3/4 szklanki posiekanego pomidora
- 1 szklanka posiekanego sera taco o obniżonej zawartości tłuszczu
- Salsa

INSTRUKCJE:

a) Rozprowadź równomiernie dip z czarnej fasoli po jednej stronie każdej tortilli.

b) Ułóż delikatną rostbef wołowy na dipie fasolowym, pozostawiając 1/2-calowe brzegi wokół krawędzi. Posyp każdą tortillę równą ilością sałaty, pomidora i sera.

c) Złóż prawą i lewą stronę do środka, tak aby krawędzie zachodziły na siebie. Zawiń dolną krawędź tortilli nad nadzieniem i zwiń rolkę.

d) Każdą rolkę przekrój na pół. Jeśli chcesz, podawaj z salsą.

45. Tacos z grillowaną wołowiną w stylu Mięso

SKŁADNIKI:
- 4 steki wołowe (około 8 uncji każdy)
- 18 małych tortilli kukurydzianych (średnica od 6 do 7 cali)

DODATKI:
- Posiekana biała cebula, posiekana świeża kolendra, cząstki limonki

MARYNATA:
- 1 szklanka przygotowanej salsy pomidorowej
- 1/3 szklanki posiekanej świeżej kolendry
- 2 łyżki świeżego soku z limonki
- 2 łyżeczki mielonego czosnku
- 1/2 łyżeczki soli
- 1/4 łyżeczki pieprzu
- 1 1/2 szklanki przygotowanej salsy pomidorowej
- 1 duże awokado, pokrojone w kostkę
- 2/3 szklanki posiekanej świeżej kolendry
- 1/2 szklanki posiekanej białej cebuli
- 1 łyżka świeżego soku z limonki
- 1 łyżeczka mielonego czosnku
- 1/2 łyżeczki soli

INSTRUKCJE:
a) Połącz składniki marynaty w małej misce. Umieść steki wołowe i marynatę w plastikowej torbie przeznaczonej do kontaktu z żywnością; Obróć steki do panierowania. Zamknij szczelnie torebkę i marynuj w lodówce od 15 minut do 2 godzin.
b) Wyjmij steki z marynaty; wyrzucić marynatę. Połóż steki na ruszcie nad średnimi, pokrytymi popiołem węglami. Grilluj pod przykryciem, 10 do 14 minut (na średnim ogniu na rozgrzanym grillu gazowym, 12 do 16 minut) do średnio rzadkiego (145°F) do średniego (160°F) wysmażenia, od czasu do czasu obracając.
c) W międzyczasie w średniej misce połącz składniki salsy z awokado. Odłożyć na bok.
d) Połóż tortille na siatce. Grilluj, aż będzie ciepły i lekko zwęglony. Usunąć; trzymaj się ciepło.
e) Steki pokroić w plasterki. Podawać w tortillach z salsą z awokado. Posyp cebulą, kolendrą i cząstkami limonki, według uznania.

46. Małe tarty z wołowiną taco

SKŁADNIKI:
- 12 uncji mielonej wołowiny (95% chudej wołowiny)
- 1/2 szklanki posiekanej cebuli
- 1 ząbek czosnku, drobno posiekany
- 1/2 szklanki przygotowanego łagodnego lub średniego sosu taco
- 1/2 łyżeczki mielonego kminku
- 1/4 łyżeczki soli
- 1/8 łyżeczki pieprzu
- 2 opakowania (po 2,1 uncji) mrożonych mini muszelek filo (w sumie 30 muszelek)
- 1/2 szklanki posiekanej mieszanki serów o obniżonej zawartości tłuszczu w stylu latynoamerykańskim

DODATKI:
- Sałata szatkowana, pomidorki koktajlowe lub winogronowe w plasterkach, guacamole, niskotłuszczowa kwaśna śmietana, dojrzałe oliwki pokrojone w plasterki

INSTRUKCJE:
a) Rozgrzej piekarnik do 350°F. Podgrzej dużą patelnię z powłoką nieprzywierającą na średnim ogniu, aż będzie gorąca. Dodaj mieloną wołowinę, cebulę i czosnek na dużej patelni z powłoką nieprzywierającą na średnim ogniu przez 8 do 10 minut, rozbijając wołowinę na małe okruszki i od czasu do czasu mieszając. W razie potrzeby zlać krople.
b) Dodaj sos taco, kminek, sól i pieprz; gotować i mieszać przez 1 do 2 minut lub do momentu, aż mieszanina się rozgrzeje.
c) Ułóż muszle filo na obrzeżonej blasze do pieczenia. Rozłóż mieszaninę wołowiny równomiernie w skorupkach. Posyp równomiernie serem. Piec 9 do 10 minut lub do momentu, aż muszle będą chrupiące, a ser się roztopi.
d) Udekoruj tarty sałatą, pomidorami, guacamole, kwaśną śmietaną i oliwkami według uznania.

47.Tandetna patelnia do taco z jednym garnkiem

SKŁADNIKI:
- 1-funtowa chuda mielona wołowina
- 1 duża żółta cebula, pokrojona w kostkę
- 2 średnie cukinie, pokrojone w kostkę
- 1 żółta papryka, pokrojona w kostkę
- 1 opakowanie przyprawy do taco
- 1 puszka pokrojonych w kostkę pomidorów z zielonym chilli
- 1 1/2 szklanki posiekanego sera Cheddar lub Monterey Jack
- Zielona cebula do dekoracji
- Do podania sałata, ryż, mąka lub kukurydziane tortille

INSTRUKCJE:

a) Podgrzej dużą patelnię z powłoką nieprzywierającą na średnim ogniu, aż będzie gorąca. Dodać mieloną wołowinę, cebulę,

b) cukinia i żółta papryka; gotować 8 do 10 minut, rozpadając się na małe kawałki i od czasu do czasu mieszając. W razie potrzeby wylać krople.

c) Dodaj przyprawę do taco, 3/4 szklanki wody i pokrojone w kostkę pomidory. Zmniejsz ogień do małego i gotuj na wolnym ogniu przez 7 do 10 minut.

d) Posyp pokruszonym serem i zieloną cebulą. Nie mieszaj.

e) Gdy ser się roztopi, podawaj na sałacie, ryżu lub w tortilli z mąki lub kukurydzy!

48.Tacos ze stekiem ze spódnicy

SKŁADNIKI:
- 1 stek ze spódnicy, pokrojony na porcje o długości od 4 do 6 cali (1-1/2 do 2 funtów), pokrojony w poprzek włókien w cienkie paski
- 12 sześciocalowych tortilli kukurydzianych
- 1/2 łyżeczki soli
- 1/4 łyżeczki pieprzu cayenne
- 1/2 łyżeczki czosnku w proszku
- 1/2 łyżeczki mielonego czosnku
- 1 łyżeczka oleju
- 1 szklanka pokrojonej w kostkę cebuli
- 1/2 szklanki liści kolendry, grubo posiekanych
- 2 szklanki cienko pokrojonej czerwonej kapusty

WINIGRET Z CYLANTROWO-Limonką:
- 3/4 szklanki liści kolendry
- Sok z 2 limonek
- 1/3 szklanki oliwy z oliwek
- 4 łyżeczki mielonego czosnku
- 1/4 szklanki białego octu
- 4 łyżeczki cukru
- 1/4 szklanki mleka
- 1/2 szklanki kwaśnej śmietany

INSTRUKCJE:
a) Rozgrzej olej na średnim ogniu. Pokrojony stek dopraw solą, pieprzem cayenne i czosnkiem w proszku. Dodaj stek na patelnię i smaż, aż będzie ugotowany (8 do 10 minut). Dodaj czosnek i smaż jeszcze 1–2 minuty, aż czosnek zacznie pachnieć. Zdejmij z ognia i pokrój stek w kostkę.

b) Wszystkie składniki na sos winegret wymieszaj . Dodaj mieszaninę do blendera i pulsuj, aż będzie gładka, około 1 do 2 minut.

c) Napełnij podgrzane tortille kukurydziane (użyj dwóch na taco) stekiem, cebulą, posiekaną kolendrą i kapustą. Skropić winegretem i podawać.

ZUPY I SAŁATKI

49. Sopa Tarasca

SKŁADNIKI:
DO PASKÓW TORTILLI
- 2 tortille pokrojone w paski o długości około 2 cali i szerokości 1/8 cala
- olej do smażenia pasków tortilli

DO ZUPY
- 1 łyżka oleju
- 2/3 szklanki posiekanej białej cebuli
- 2 ząbki czosnku, grubo posiekane
- 2-1/4 szklanki niesolonych posiekanych pomidorów z sokiem
- 1 łyżka czystego proszku chili ancho
- Około 5 szklanek bulionu z kurczaka o niskiej zawartości sodu
- 2 liście laurowe
- 1/2 łyżeczki całego suszonego tymianku
- 1/4 łyżeczki majeranku
- 1/4 łyżeczki suszonych liści oregano
- 1 łyżeczka soli lub do smaku
- 1 szklanka startego fresku queso lub zastąp świeżą mozzarellą
- 2 papryczki ancho, usuń łodygi i nasiona, przekrój na pół i gotuj na wolnym ogniu w wodzie przez 15 minut
- 1/4 szklanki kwaśnej śmietany
- 1 zielona cebula, posiekana (tylko zielona część)

INSTRUKCJE:

a) Smaż paski tortilli. Podgrzej około 2 cali oleju w średniej wielkości garnku do około 350°F. Smaż paski tortilli, aż będą chrupiące. Odsączyć na ręcznikach papierowych i zachować.

b) Zrób zupę. Rozgrzej patelnię na średnim ogniu, dodaj olej i podsmaż cebulę i czosnek, aż cebula będzie miękka, ale nie rumiana, 4–5 minut. Umieść je w blenderze; dodać pomidory z sokiem i chili w proszku oraz puree.

c) Dodaj szklankę lub 2 bulionu (w zależności od tego, na ile pomieści się Twój blender), wymieszaj pulsacyjnie, a następnie wlej mieszaninę do garnka.

d) Do garnka dodać pozostały bulion, liście laurowe, tymianek, majeranek, oregano i sól. Doprowadzić do wrzenia i gotować przez 15 minut.

e) Podawać zupę. Umieść 1/4 szklanki sera i 1/2 miękkiego ancho chile w każdej z czterech misek. Połóż zupę na serze, połóż na niej kwaśną śmietanę, paski tortilli i zieloną cebulę.

50. Zupa z czarnej fasoli

SKŁADNIKI:

- 1/2 łyżki oliwy z oliwek extra virgin
- 1/2 szklanki posiekanej białej cebuli
- 3 ząbki czosnku, grubo posiekane
- 1 bardzo małe chili ancho, pozbawione nasion i podzielone na małe kawałki lub 1/2 większego chili
- 1 łyżeczka posiekanego chili chipotle
- 1 (15 uncji) puszka niesolonej czarnej fasoli, w tym płynna 1/2 łyżeczki soli
- 3 szklanki bulionu z kurczaka o niskiej zawartości sodu
- 1/4 łyżeczki mielonego kminku
- 1/2 łyżki posiekanej kolendry
- 1 gałązka epazote (opcjonalnie)
- 1/2 łyżeczki wędzonej słodkiej papryki hiszpańskiej 1/2 łyżeczki soli, jeśli używamy niesolonej fasoli 1/4 łyżeczki drobno zmielonego czarnego pieprzu 1 łyżeczka świeżo wyciśniętego soku z limonki
- 1 łyżka wytrawnego sherry

INSTRUKCJE:

a) Zrób zupę. Rozgrzej oliwę z oliwek w średniej wielkości garnku na średnim ogniu, aż zacznie się mienić. Dodaj cebulę i smaż, aż będzie miękka, ale nie rumiana.

b) Dodaj czosnek i smaż kolejną minutę, następnie dodaj oba chili i kontynuuj smażenie, często mieszając, 1-1/2-2 minuty.

c) Dodaj pozostałe składniki oprócz soku z limonki i sherry, zagotuj, częściowo przykryj i gotuj na wolnym ogniu przez 10 minut.

d) Pozwól mieszaninie ostygnąć. Usuń i wyrzuć epazote, jeśli go użyłeś. Wlać składniki do blendera i miksować przez 2 minuty lub do uzyskania puree, w razie potrzeby w 2 partiach.

e) Zupę wlać z powrotem do garnka, zagotować, dodać sok z limonki i sherry i podawać.

51. Zupa w stylu Tlapan

SKŁADNIKI:

- 2 pomidory, pieczone
- 6 szklanek bulionu z kurczaka o niskiej zawartości sodu
- 1/2 funta piersi z kurczaka bez kości i skóry 1 łyżka oliwy z oliwek z pierwszego tłoczenia 1 szklanka drobno posiekanej białej cebuli
- 2 ząbki czosnku, posiekane
- 3/4 szklanki obranych i drobno posiekanych marchewek
- 1-1/2 szklanki fasoli garbanzo, odsączonej i opłukanej
- 1 szklanka drobno posiekanej cukinii
- 1/2 szklanki mrożonego zielonego groszku, rozmrożonego
- 1 suszone chili chipotle lub jeden chipotle plus 1 łyżeczka sosu adobo
- 1 łyżeczka świeżo wyciśniętego soku z limonki 1/4 łyżeczki drobno zmielonego czarnego pieprzu 1/4 łyżeczki soli lub do smaku
- 1 średnio dojrzałe awokado, pokrojone na 1/2-calowe kawałki 1/4 szklanki startego sera cotija (opcjonalnie) Kawałki limonki

INSTRUKCJE:

a) Przygotuj pomidory. Zmiksuj pomidory w blenderze lub robocie kuchennym i przecedź przez drobne ostrze młynka lub przeciśnij je przez sitko. Rezerwa.

b) Ugotuj i posiekaj kurczaka. Włóż bulion i piersi z kurczaka do dużego garnka, zagotuj i gotuj, aż kurczak będzie ugotowany, około 10 minut. Wyjmij kurczaka i zachowaj bulion.

c) Gdy kurczak ostygnie na tyle, że będzie go można unieść, pokrój go na kawałki i podziel pomiędzy cztery miski z zupą.

d) Zrób zupę. Podgrzej duży garnek na średnim ogniu. Dodaj oliwę z oliwek i cebulę i smaż, aż cebula zacznie się rumienić, około 5 minut. Dodaj czosnek i smaż jeszcze 1 minutę. Dodaj zarezerwowany bulion i pozostałe składniki oprócz awokado i sera, gotuj na wolnym ogniu przez 8–10 minut.

e) Zakończ i podawaj zupę. Wyjmij chili i polej zupą ugotowanego kurczaka. Dodaj równe porcje awokado do każdej miski i posyp odrobiną sera, jeśli chcesz. Podawać z cząstkami limonki na boku.

52.Zupa z Puebli

SKŁADNIKI:
- 2-1/2 łyżki oleju kuchennego
- 4 uncje obranych i posiekanych ziemniaków
- 3-1/4 szklanki bulionu z kurczaka o niskiej zawartości sodu
- 1 szklanka posiekanej białej cebuli
- 2 szklanki obranej i pokrojonej cukinii
- 3/4 szklanki pieczonego, obranego, pozbawionego nasion i posiekanego chili Poblano
- 1/4 czubatej łyżeczki suszonego tymianku
- 1/4 czubatej łyżeczki soli
- 3/4 szklanki 2% mleka
- 2 uncje częściowo odtłuszczonego mleka

INSTRUKCJE:
a) Ugotuj ziemniaki i przygotuj bulion. Podgrzej garnek na średnim ogniu. Rozpuść 1/2 łyżki oleju kuchennego i dodaj ziemniaki.
b) Smaż ziemniaki, aż zaczną mięknąć, ale nie pozwól, aby się zrumieniły, 4–5 minut. Do garnka wlej 1-1/4 szklanki bulionu, przykryj i gotuj na wolnym ogniu przez 5 minut.
c) Bulion i ziemniaki wlać do blendera, miksować około 2 minut. Dodać pozostały bulion i puls do połączenia.

d) Gotuj warzywa. Na średnim ogniu rozpuść pozostały olej kuchenny w tym samym garnku, w którym gotowałeś ziemniaki. Dodaj cebulę i cukinię i smaż, aż cebula będzie miękka, ale nie rumiana, około 5 minut.
e) Zrób zupę. Do warzyw dodać resztę chili, tymianek, sól, zmiksowane ziemniaki i bulion i dusić przez 5 minut. Wlać mleko i gotować jeszcze przez 5 minut.

53. Sałatka ziemniaczana

SKŁADNIKI:
DO OPARTU
- 1/8 łyżeczki soli
- 1/4 łyżeczki pieprzu
- 2 łyżki oliwy z oliwek extra virgin
- 1 łyżka drobno posiekanego szczypiorku
- 1 łyżka drobno posiekanej natki pietruszki
- 1 łyżka drobno posiekanej kolendry

NA SAŁATKĘ
- 1-1/4 szklanki obranej, pokrojonej w kostkę marchewki, kawałki 1/2 cala
- 2-1/2 szklanki obranych i pokrojonych w kostkę ziemniaków, kawałki 1/2 cala
- 2 uncje chorizo, bez skóry, drobno posiekane
- 1 chili Serrano, usunięte nasiona i żyłki, posiekane
- 1 średnie lub duże awokado, pokrojone na 1/2-calowe kawałki (opcjonalnie)

INSTRUKCJE:
a) Zrób dressing. W misce wymieszaj sól i pieprz. Wolnym strumieniem dodawaj oliwę z oliwek, ciągle mieszając, aż powstanie emulsja, następnie dodaj szczypiorek, pietruszkę i kolendrę i dobrze wymieszaj.
b) Ugotuj ziemniaki i marchewkę. Zagotuj 6 szklanek wody. Dodaj sól i marchewkę i gotuj na wolnym ogniu, aż marchewka będzie bardzo miękka, ale nie papkowata. Ugotowaną marchewkę usuń przez sitko i opłucz pod zimną bieżącą wodą, aby zatrzymać gotowanie.
c) Ziemniaki ugotuj w tej samej wodzie, aż będą bardzo miękkie, ale nie rozgotowane i odcedź na durszlaku. Opłucz pod zimną bieżącą wodą, aby zatrzymać gotowanie.
d) Ugotuj chorizo. Rozgrzej patelnię z powłoką nieprzywierającą na średnim ogniu i dodaj chorizo. Gdy tylko zacznie skwierczeć, dodaj Serrano i kontynuuj gotowanie, mieszając i rozbijając chorizo plastikową lub drewnianą łyżką, aż stanie się złociste i zacznie chrupać.
e) Dokończ sałatkę. Gdy chorizo będzie gotowe, zdejmij patelnię z ognia. Pozostawić do ostygnięcia na 1 minutę, następnie dodać zarezerwowane marchewki i ziemniaki.
f) Wszystko przełóż do średniej wielkości miski, dodaj dressing i awokado, jeśli używasz, i delikatnie, ale dokładnie wymieszaj.

54.Sałatka producenta tequili

SKŁADNIKI:
DO OPARTU
- 2 łyżki sangrity
- 1 łyżka plus 2 łyżeczki świeżo wyciśniętego soku z limonki
- 1/4 szklanki oliwy z oliwek z pierwszego tłoczenia
- Sól dla smaku
- 3/4 łyżeczki świeżo zmielonego czarnego pieprzu lub do smaku

NA SAŁATKĘ
- 1 szklanka nopalitos, peklowanego w soli lub gotowanego do miękkości
- 2 szklanki fasoli garbanzo, opłukanej i odsączonej
- 2 szklanki świeżego szpinaku, zapakowane
- 1 duży pomidor, pokrojony na kawałki wielkości kęsa
- 1 duże awokado lub 2 małe, posiekane
- 2 zielone cebule, drobno posiekane
- 1/4 szklanki posiekanej kolendry
- 4 uncje fresku queso

INSTRUKCJE:
a) Zrób dressing. W małej lub średniej misce wymieszaj sangritę i sok z limonki.
b) Kontynuuj energiczne ubijanie, dodając powoli oliwę z oliwek, aż dressing uzyska emulsję. Wymieszaj sól i pieprz.
c) Zrób sałatkę. Połącz wszystkie składniki sałatki w dużej misce. Dodać dressing i dobrze wymieszać.

55. Sałatka z kapusty

SKŁADNIKI:
DO OPARTU
- 2 łyżki plus
- 2 łyżeczki soli
- 1/2 łyżeczki drobno zmielonego czarnego pieprzu 1/3 szklanki oleju

NA SŁAWĘ
- 12 uncji bardzo drobno pokrojonej lub rozdrobnionej zielonej kapusty
- 6 uncji bardzo drobno pokrojonej lub rozdrobnionej fioletowej kapusty
- 4 uncje obranych, posiekanych marchewek

INSTRUKCJE:

a) Zrób dressing. Wymieszaj sól i pieprz, a następnie wolnym strumieniem wlewaj olej.

b) Zrób surówkę. Składniki na sałatkę wymieszaj w dużej misce i polej dressingiem. Pozostaw sałatkę w temperaturze pokojowej na 3 do 4 godzin, mieszając ją co około pół godziny. Po tym czasie kapusta zmięknie, a smaki się połączą.

c) Przełóż sałatkę na duże sitko, aby odsączyć nadmiar płynu (i soli) i przechowuj w lodówce do momentu podania, od czasu do czasu odlewając nadmiar płynu.

d) Surówkę przechowujemy w lodówce około tygodnia.

TOSTY

56. Tostady z Grillowanym Kurczakiem

SKŁADNIKI:
- 1 puszka (14½ uncji) pokrojonych w kostkę pomidorów z czosnkiem i cebulą
- 1 puszka (15 uncji) fasoli pinto, odsączona
- 2 łyżeczki mielonego jalapeno (opcjonalnie)
- ½ łyżeczki mielonego kminku
- 1 szklanka grillowanego kurczaka lub indyka pokrojonego w kostkę
- 4 Tortille pszenne
- ½ szklanki ostrego sera Cheddar, startego
- Salsa (do podania)
- Posiekana sałata i pokrojone w kostkę awokado (opcjonalnie dodatki)

INSTRUKCJE:
a) Na patelni połącz pokrojone w kostkę pomidory, odsączoną fasolę pinto, posiekane jalapeno (jeśli używasz) i mielony kminek. Do mieszanki dodaj pokrojonego w kostkę grillowanego kurczaka lub indyka.
b) Podgrzewaj patelnię na średnim ogniu przez około 5 minut lub do momentu, aż mieszanina zgęstnieje.
c) Ułóż tortille z mąki w jednej warstwie na grillu nad średnim węglem.
d) Rozłóż około ¾ szklanki mieszanki kurczaka na każdej tortilli.
e) Każdą tortillę posypujemy startym ostrym serem cheddar.
f) Powtórz ten proces z pozostałymi składnikami.
g) Smaż tostady na grillu przez około 3 minuty lub do momentu, aż spód tortilli się zarumieni, a ser się roztopi.
h) Podawaj grillowane tostady z kurczakiem z salsą.
i) Opcjonalnie udekoruj posiekaną sałatą i pokrojonym w kostkę awokado.
j) Ciesz się grillowanymi tostadami z kurczakiem!

57. Tosty z Kalifornii i Indyka

SKŁADNIKI:
- 1 funt mielonego indyka
- 1 łyżka oleju
- ½ szklanki posiekanej cebuli
- ½ łyżeczki soli
- ⅛ łyżeczki pieprzu
- ⅛ łyżeczki czosnku w proszku
- Puszka 4 uncji pokrojonego w kostkę zielonego chili
- 1 ½ szklanki startego sera Cheddar (6 uncji)
- 4 skorupki tostady (lub usmaż tortille kukurydziane na ¼ szklanki oleju, aż będą chrupiące)
- 4-5 szklanek posiekanej sałaty
- ½ szklanki posiekanego pomidora
- ¼ szklanki kwaśnej śmietany
- ¼ szklanki pokrojonych w plasterki oliwek

INSTRUKCJE:
a) Na patelni podsmaż na oleju zmielonego indyka, aż stanie się kruchy.
b) Dodajemy posiekaną cebulę i lekko podsmażamy z indykiem.
c) Wymieszaj sól, pieprz, czosnek w proszku, pokrojone w kostkę zielone chili i 1 szklankę startego sera Cheddar. Gotuj, aż ser się roztopi i mieszanina dobrze się połączy.
d) Połóż każdą skorupkę tostady na talerzu.
e) Każdą skorupkę tostady posypujemy posiekaną sałatą.
f) Rozłóż równomiernie mieszankę z indyka na sałacie.
g) Posyp pozostałym startym serem cheddar na wierzchu mieszanki z indyka.
h) Udekoruj każdą tostadę posiekanym pomidorem, łyżką kwaśnej śmietany i pokrojonymi w plasterki oliwkami.
i) Ciesz się kalifornijskimi tostadami z indykiem!

58.Pizza Tostada z Wołowiną i Fasolą

SKŁADNIKI:
DO SKORUPY:
- 1 ¼ szklanki mąki
- 1 łyżeczka proszku do pieczenia
- ½ łyżeczki soli
- ½ szklanki mleka
- 2 łyżki oleju roślinnego

NA DODATKI:
- 1 funt mielonej wołowiny
- 1 ¾ uncji mieszanki przypraw do taco
- 1 puszka fasoli smażonej
- 1 szklanka posiekanego sera amerykańskiego
- 8 uncji sosu taco
- 4 uncje posiekanego zielonego chili
- ½ szklanki posiekanej cebuli
- ½ szklanki posiekanych pomidorów
- 1 szklanka posiekanej sałaty

INSTRUKCJE:
a) Rozgrzej piekarnik do 220°C (425°F).
b) W misce wymieszaj mąkę, proszek do pieczenia, sól, mleko i olej roślinny. Mieszaj, aż mieszanina oczyści boki miski. Z ciasta uformuj kulę i zagnieć je w misie około 10 razy.
c) Rozwałkuj ciasto na lekko posypanej mąką desce, tworząc okrąg o średnicy 13 cali. Połóż go na blasze do pizzy lub blasze do pieczenia i podwiń brzegi, ściskając je, aby utworzyła się skórka.
d) Ciasto pieczemy w nagrzanym piekarniku przez 5 minut.
e) Podczas pieczenia skórki przygotuj mieloną wołowinę zgodnie z zaleceniami zawartymi w mieszance przypraw do taco.
f) Gdy spód będzie już częściowo upieczony, równomiernie rozłóż na nim smażoną fasolę.
g) Posyp fasolę gotowaną mieszanką mielonej wołowiny.
h) Mięso posypujemy startym serem amerykańskim.
i) Piec przez dodatkowe 2 minuty lub do momentu, aż ser się roztopi i zacznie bulgotać.
j) Wyjmij pizzę z piekarnika i posyp ją sosem taco, posiekanymi zielonymi papryczkami chili, posiekaną cebulą, posiekanymi pomidorami i posiekaną sałatą.
k) Pokrój i podawaj pizzę Tostada.
l) Ciesz się pizzą Tostada z jej pyszną mieszanką smaków!

59.Tosty ze świńskich stóp

SKŁADNIKI:
- 4 tortille kukurydziane, usmażone na złoty kolor
- 1 ½ szklanki smażonej fasoli, podgrzanej
- 6 uncji marynowanych świńskich łapek (usuń kości i paznokcie u nóg)
- 2 szklanki posiekanej sałaty, lekko ubranej
- Kilka szczypt suszonego, pokruszonego oregano
- Ostry sos chili (np. Tabasco lub podobny)
- Rozdrobniony ser Jack
- Rzodkiewki, pokrojone

INSTRUKCJE:

a) Każdą smażoną tortillę kukurydzianą posmaruj warstwą podgrzanej smażonej fasoli.
b) Fasolę posypujemy startym serem Jack.
c) Smaż wierzch tortilli, aż ser się roztopi i zrobi się piankowy.
d) Wyjmij z piekarnika i natychmiast podawaj.
e) Ułóż tostady z marynowanymi nóżkami wieprzowymi, posiekaną sałatą i pokrojonymi w plasterki rzodkiewkami.
f) Posyp każdą tostadę kilkoma szczyptami suszonego, pokruszonego oregano.
g) Na koniec dopraw do smaku odrobiną ostrego sosu chili (np. Tabasco).
h) Rozkoszuj się Tosty Tapatia, wyjątkowym i aromatycznym daniem meksykańskim z marynowanymi nóżkami wieprzowymi!

60. Chorizo, Ziemniaki i Marchew Tosty

SKŁADNIKI:
- 8 skorup tortilli tostada
- ½ szklanki smażonej fasoli
- ¾ szklanki nadzienia z chorizo, ziemniaków i marchwi
- 1 szklanka posiekanej sałaty
- ¾ szklanki posiekanych pomidorów
- 2 łyżki startego sera koziego
- Salsa

INSTRUKCJE:
a) Na każdym z czterech talerzy ułóż po 2 skorupki tostady i na każdym rozsmaruj około 2 łyżek fasoli.
b) Na wierzch połóż równe ilości nadzienia z chorizo, ziemniaków i marchwi, sałaty, pomidorów i sera, podawaj z salsą.

61. Tosty wieprzowe Picadillo

SKŁADNIKI:
- 1 duża cebula, drobno posiekana
- 2 ząbki czosnku, posiekane
- 2 łyżki oleju roślinnego
- 2 funty mielonej wieprzowiny
- ⅓ szklanki rodzynek
- 1 ½ szklanki sosu pomidorowego
- ½ szklanki pokrojonych w plasterki zielonych oliwek nadziewanych pimiento
- ¾ łyżeczki cynamonu
- ¼ łyżeczki mielonych goździków
- Olej roślinny do smażenia tortilli
- Dwanaście 7-calowych tortilli kukurydzianych
- 3 szklanki posiekanej sałaty rzymskiej lub lodowej
- 1 ½ szklanki cienko pokrojonej czerwonej cebuli lub grubo startej rzodkiewki

INSTRUKCJE:
a) Na dużej, ciężkiej patelni podsmaż cebulę i czosnek na oliwie na umiarkowanym ogniu, mieszając, aż cebula zmięknie.

b) Dodaj mieloną wieprzowinę i smaż na umiarkowanym ogniu, mieszając i rozbijając grudki, aż wieprzowina przestanie być różowa. Odlej nadmiar tłuszczu.

c) Dodać rodzynki, sos pomidorowy, oliwki, cynamon, zmielone goździki oraz sól i pieprz do smaku. Gotuj mieszaninę, mieszając od czasu do czasu, przez 10 do 15 minut lub do momentu, aż zgęstnieje. Picadillo można przygotować 1 dzień wcześniej, przechowywać pod przykryciem, schłodzić i ponownie podgrzać przed dalszym przyrządzaniem.

d) Na patelni podgrzej ¼ cala oleju roślinnego na umiarkowanie dużym ogniu, aż będzie gorący, ale nie dymiący. Smaż tortille, pojedynczo, przez 30 sekund do 1 minuty lub do momentu, aż będą chrupiące i złociste.

e) Podczas smażenia przekładaj je szczypcami na ręczniki papierowe, aby odciekły.

f) Ułóż skorupki tostady w jednej warstwie na półmiskach, podziel między nie picadillo i posyp posiekaną sałatą i pokrojoną w plasterki czerwoną cebulą lub startą rzodkiewką.

g) Ciesz się Picadillo Tosty!

DESER

62. Ciasto serowe

SKŁADNIKI:

- 4 Duże jajka
- 1 może (14 uncji) Mleko skondensowane; Osłodzony
- 1 może (12 uncji) Mleko skondensowane
- 6 uncji Ser topiony
- 1 łyżeczka Ekstrakt waniliowy

INSTRUKCJE:

a) Wymieszaj razem jajka, mleko i wanilię.
b) Zmiękcz serek śmietankowy i wymieszaj go z pozostałymi składnikami.
c) Uważaj, aby nie wymieszać serka śmietankowego zbyt mocno, gdyż spowoduje to powstawanie kieszeni powietrznych w cieście.
d) Przygotuj karmel, gotując ½ szklanki cukru na małym ogniu, aż cukier się roztopi. Aby to zrobić, użyj metalowego pojemnika.
e) Wlać na patelnię/ramekin taką ilość karmelu, aby przykryła dno.
f) Gdy cukier stwardnieje, wlej ciasto przygotowane w krokach 1 i 2 na patelnię/ramekin.
g) Włóż patelnię/kokinek do bemaru. Patelnię/kokinę, w której znajdują się składniki, należy zanurzyć w wodzie do ¾.
h) Piec w temperaturze 325 stopni Fahrenheita przez około ½ godziny. Ciasto jest gotowe, gdy włożony w niego nóż/wykałaczka jest czysty i po wyjęciu jest czysty.

63.Shot Paleta Arbuza

SKŁADNIKI:

- 4 szklanki pokrojonego w kostkę arbuza, bez pestek
- ½ szklanki tequili (Corralejo reposado)
- 3 łyżki Sok z limonki, świeży
- ½ szklanki cukru lub innego słodzika
- 10 łyżeczek Tajin chili w proszku

INSTRUKCJE:

a) Umieść arbuza, tequilę, sok z limonki i cukier w blenderze i zmiksuj na gładką masę.

b) Umieść 1 łyżeczkę. chili w proszku na dnie każdej foremki do lodów.

c) Wlać mieszaninę arbuza do foremek, zatrzasnąć pokrywki, włożyć patyczki do lodów i zamrozić na noc.

64. Carlota z Limon

SKŁADNIKI:
- 1 opakowanie (16 uncji). Jedwabiste tofu (miękkie)
- 1/3 szklanki mleka migdałowego, niesłodzonego
- 1 szklanka cukru lub ulubionego słodzika
- 1/3 szklanki soku z limonki, świeżego
- 2 opakowania (rękawy) ciasteczek Vegan Maria

INSTRUKCJE:

a) Do blendera włóż tofu, cukier i mleko migdałowe. Włącz blender na najniższy poziom i stopniowo dodawaj sok z limonki, aż mieszanina zgęstnieje i pokryje grzbiet łyżki.

b) Wyłóż dno szklanej formy do pieczenia o wymiarach 8×8 papierem pergaminowym, dodaj krem limonkowy i przykryj warstwą ciasteczek, a na wierzch wylej trochę mieszanki kremu limonkowego; wystarczająco, aby je zakryć, ale nie utopić.

c) Powtórz ten proces, dodając kolejną warstwę ciasteczek, a następnie przykryj kremem limonkowym, powtarzaj, aż cała mieszanina kremu limonkowego i ciasteczka zostaną wykorzystane.

d) NIE NACISKAJ ciasteczek. Chcesz, aby pomiędzy ciasteczkami znajdowała się dobra warstwa kremu limonkowego i dociśnij je, wypychając krem limonkowy na boki.

e) Włóż ciasto do lodówki na co najmniej 4 godziny lub do momentu, aż stwardnieje.

f) Odwróć naczynie do pieczenia na talerz. Ostrożnie odklej pergamin.

65. Mango i Chamoy Slushie

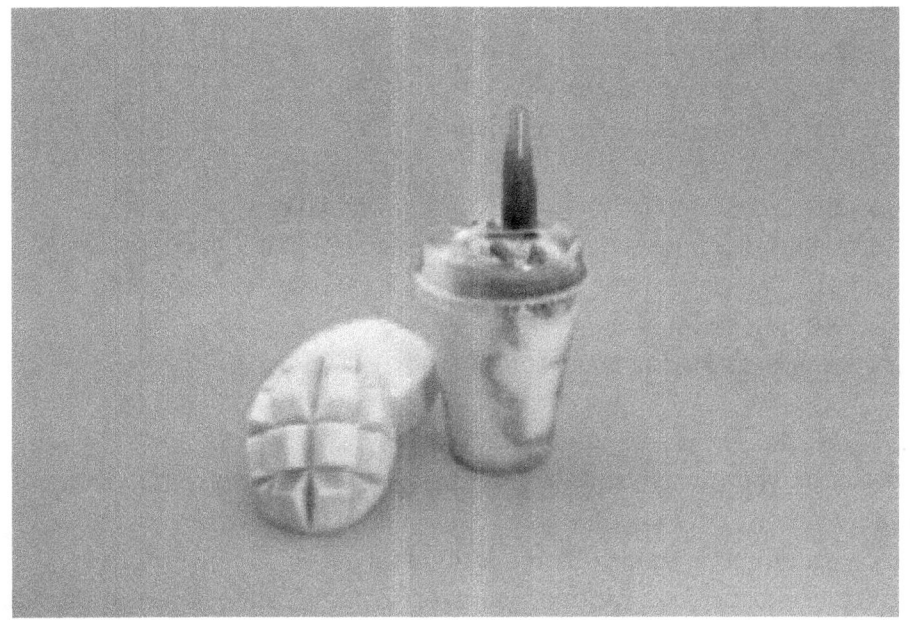

SKŁADNIKI:
CHAMOY
- 1 szklanka suszonych moreli
- 2 szklanki wody
- 2-3 łyżki. Proszek z ancho chilijskiej
- 2 łyżki stołowe. Sok z limonki, świeży

SLUSHIE
- 1 szklanka + 2 łyżki. Mango, pokrojone w kostkę
- 1 szklanka lodu
- 6 łyżek Chamoy
- 1 Limonka, sok z
- Chile w proszku do smaku (tajín)

INSTRUKCJE:
a) Aby przygotować chamoy, włóż suszone morele do rondla i zagotuj wodę. Zmniejsz ogień i gotuj przez 30 minut. Odłożyć na bok.
b) Zarezerwuj ¾ szklanki płynu z gotowania moreli.
c) Weź ugotowane morele, zarezerwowany płyn do gotowania, sproszkowane chile ancho, sok z limonki i zmiksuj na gładką masę. Aby uzyskać rzadszą lub gęstszą konsystencję, należy dodać mniej lub więcej wody. (Zostawiłem trochę na grubej stronie.) Ostudź.
d) Aby przygotować mus, umieść ½ szklanki mango na dnie pojemnika blendera, dodaj warstwę lodu i kontynuuj układanie warstw na zmianę z resztą lodu i 1 szklanką mango.
e) Mieszaj na średniej prędkości, aż uzyskasz puszystą konsystencję. Kawałki lodu, choć małe, powinny być nadal widoczne.
f) Aby złożyć, przełóż do szklanek i wlej łyżką. kozicy na dnie każdego z nich. Dodaj warstwę musu mango, a następnie kolejną łyżkę. z chamoyu. Powtórz jeszcze raz.
g) Posypać 1 łyżką. pokrojonego w kostkę mango na wierzchu każdego gotowego slushy. Do każdej szklanki wyciśnij połówkę limonki i posyp tyle chili, ile chcesz. Podawać z łyżką i słomką.

66. Mus czekoladowy

SKŁADNIKI:
- 1 funt jedwabistego lub miękkiego tofu
- 1 łyżeczka ekstraktu waniliowego
- 1 łyżka miodu
- 3/4 łyżeczki czystego chili ancho w proszku 1/8 łyżeczki soli
- 1/4 czubatej łyżeczki cynamonu
- 5-1/4 uncji ciemnej czekolady pokrojonej na bardzo małe kawałki
- 3 łyżki Kahlua, Grand Marnier, Cointreau lub triple sec lub zastąp sokiem pomarańczowym

INSTRUKCJE:
a) Włóż tofu, wanilię, miód, chili w proszku, sól i cynamon do miski robota kuchennego wyposażonego w stalowe ostrze.

b) Umieść miskę ze stali nierdzewnej nad małym lub średnim garnkiem z gotującą się wodą. Do garnka dodaj czekoladę i likier lub sok pomarańczowy i często mieszaj drewnianą łyżką, aż czekolada całkowicie się rozpuści (1–2 minuty).

c) Dodaj mieszaninę czekolady do robota kuchennego i miksuj z pozostałymi składnikami przez 1 minutę, zatrzymując się w razie potrzeby, aby zeskrobać boki miski. Wlać mieszaninę do dużej miski lub do osobnych małych naczyń.

d) Przykryj folią spożywczą i schładzaj przez kilka godzin.

67. Banany i mandarynki z sosem waniliowym

SKŁADNIKI:
DO SOSU KREMOWEGO
- 1/4 łyżeczki cynamonu
- 2 szklanki mleka sojowego o smaku waniliowym
- 1 łyżka oleju kuchennego
- 2 łyżki nektaru z agawy
- 1/2 łyżeczki ekstraktu waniliowego
- 1/4 łyżeczki soli

SKOŃCZYĆ
- 3 szklanki pokrojonych w kostkę bananów
- 1 szklanka mandarynek

INSTRUKCJE:

a) Zrób sos śmietanowy. Włóż cynamon do małego rondla i mieszaj mleko sojowe po łyżce lub 2 na raz, aż dobrze się połączy.

b) Pozostałą część mleka wlać cienkim strumieniem i dodać olej kuchenny. Doprowadzić do wrzenia i gotować na wolnym ogniu, aż zgęstnieje do konsystencji jasnego budyniu, około 10 minut.

c) Dokończ deser. Sos lekko zagotować i polać pokrojonymi owocami.

68.Sorbet z Jamajki

SKŁADNIKI:
- 2-1/2 szklanki suszonych liści Jamajki (dostępne w latynoskich sklepach spożywczych)
- 1 kwarta wody
- 1/2 uncji świeżego imbiru, drobno posiekanego 1 szklanka cukru
- 1 łyżka świeżo wyciśniętego soku z limonki
- 2 łyżki limoncello

INSTRUKCJE:

a) Zrób herbatę. Włóż liście Jamajki do garnka lub miski, zagotuj wodę i zalej nią liście. Przykryj i zaparzaj przez 15 minut. Odcedź herbatę i wyrzuć Jamajkę.

b) Przygotuj bazę sorbetową. Włóż imbir do blendera, dodaj 1 filiżankę herbaty i miksuj aż do całkowitego puree, 1–2 minuty. Dodaj kolejne 1-1/2 filiżanki herbaty i ponownie wymieszaj.

c) Bazę sorbetową wlać do garnka, dodać cukier i doprowadzić do wrzenia, mieszając do rozpuszczenia cukru.

d) Gdy tylko baza sorbetowa się zagotuje, zdejmij garnek z ognia.

e) Wmieszać sok z limonki i ostudzić. Przechowuj podstawę w lodówce, aż osiągnie temperaturę 60°F.

f) Zamrozić sorbet. Do schłodzonego bazy dodać limoncello i wlać do maszynki do lodów. Zamrażaj zgodnie ze wskazówkami producenta, aż zamarznie, ale nadal będzie puszysty, 20–30 minut.

69. Grillowane Mango

SKŁADNIKI:
- 4 dojrzałe mango
- 3 łyżeczki nektaru z agawy lub zamiennik cukru w sprayu kuchennym
- Ćwiartki limonki

INSTRUKCJE:
Rozgrzej grill do wysokiej temperatury lub rozgrzej patelnię grillową na dużym ogniu.
a) Pokrój mango. Zawsze trudno jest dokładnie określić, gdzie znajdują się nasiona mango, dlatego najlepszym rozwiązaniem jest metoda prób i błędów. Celem jest pocięcie mango na możliwie duże kawałki, które nie zawierają nasion. Połóż mango na boku i przekrój je na pół, poza środkiem, aby pominąć pestkę.
b) W ten sam sposób przetnij pozostałe trzy strony mango. Następnie narysuj owoce na kwadraty o wielkości około 1/2 cala.
c) Przecinając owoc tylko do skórki, ale nie przez nią. Wykonaj nacięcia w odległości pół cala w jedną stronę, a następnie wykonaj to samo w drugą stronę, aby utworzyć wzór kreskowany.
d) Przygotuj pokrojone mango. Posmaruj odrobiną nektaru z agawy nacięte powierzchnie każdego mango, a następnie spryskaj je odrobiną sprayu kuchennego.
e) Grilluj mango, miąższem do dołu, przez minutę lub 2 lub tylko do momentu, aż pojawią się na nich ślady grillowania, ale nie gotuj ich, dopóki nie będą miękkie i całkowicie podgrzane.
f) Ważne jest zachowanie twardej tekstury i kontrastu pomiędzy gorącą powierzchnią a chłodniejszym wnętrzem.
g) Podawaj mango z kawałkami limonki.

70.Szybki budyń owocowy

SKŁADNIKI:
- 2 banany, obrane, pokrojone w krążki o średnicy 1/2 cala i zamrożone na arkuszu folii aluminiowej
- 3 szklanki obranego i posiekanego mango lub innego owocu
- 2 łyżki świeżo wyciśniętego soku z limonki
- 2 łyżeczki nektaru z agawy
- 1/8 łyżeczki soli
- Liście mięty

INSTRUKCJE:
a) Umieść wszystkie składniki w misie robota kuchennego wyposażonego w stalowe ostrze lub w blenderze i miksuj, aż uzyskasz płynną, gładką i kremową konsystencję.
b) Udekoruj miętą.

71.Grillowane banany w sosie kokosowym

SKŁADNIKI:
- 1/2 szklanki lekkiego mleka kokosowego
- 2 łyżki nektaru z agawy
- 1 łyżka wody
- 4 banany, obrane

INSTRUKCJE:

a) Zrób sos kokosowy. W małym rondlu zagotuj mleko kokosowe i nektar z agawy.

b) Grilluj banany i podawaj. Rozgrzej grill lub patelnię grillową na wysokim poziomie.

c) Posmaruj banany odrobiną sosu kokosowego, zachowując resztę i grilluj z obu stron, aż pojawią się ślady grillowania i zaczną mięknąć. Nie gotuj ich zbyt mocno, bo się rozpadną.

d) Podawaj banany polane niewielką ilością sosu.

72.Sorbet mango

SKŁADNIKI:

- 2-1/2 szklanki obranego, pozbawionego nasion i posiekanego mango
- 3-1/2 łyżki cukru
- Niewielkie 2/3 szklanki wody
- 1/2 łyżeczki cynamonu
- 1/2 łyżeczki zmielonego ziela angielskiego
- 1 łyżka limoncello

INSTRUKCJE:

a) Wszystkie składniki zmiksować na puree.
b) Purée wlać do maszyny do lodów i zamrozić zgodnie z zaleceniami producenta.
c) Zwykle zajmuje to od 15 do 20 minut.

73. Śrut łaciński

SKŁADNIKI:

- 1 szklanka odtłuszczonego mleka skondensowanego
- 1 szklanka 2% mleka
- 1/4 szklanki odtłuszczonego skondensowanego mleka
- 1 łyżeczka ekstraktu waniliowego
- 2 duże jajka
- 4 białka z dużych jaj
- Spray do gotowania
- 6 łyżek nektaru z agawy

INSTRUKCJE:

a) Rozgrzej piekarnik do 325°F.

b) Zrób podstawę śrutu. Połącz składniki, z wyjątkiem sprayu do gotowania i nektaru z agawy, w blenderze i mieszaj aż do całkowitego połączenia, około 1 minuty.

c) Przygotuj śrut do pieczenia. Spryskaj sześć 4-uncjowych ramekinów nadających się do pieczenia w piekarniku odrobiną sprayu do gotowania i umieść je w naczyniu do pieczenia, do którego pasują dość ciasno. Napełnij ramekiny do 1/4 cala od góry podstawą śrut. Do naczynia do pieczenia wlej tyle bardzo gorącej wody z kranu, aby sięgała do połowy wysokości ramekinów.

d) Upiecz śrut. Włóż naczynie do pieczenia z nadziewanymi kokilek do piekarnika na 40 minut lub do czasu, aż śrutsze się zetną i będą twarde. Wyjmij naczynie do pieczenia z piekarnika i ramekiny z naczynia.

e) Pozostaw śrutsze do ostygnięcia, następnie przykryj je folią i przechowuj w lodówce do momentu wystygnięcia. Podawaj każdy placek posypany 1 łyżeczką nektaru z agawy.

74. Wafle kukurydziane na parze

SKŁADNIKI:

- 6 świeżych kłosów kukurydzy
- 1 cebula, drobno posiekana
- 2 łyżki oleju roślinnego
- 1 łyżka pasty ají amarillo (opcjonalnie, dla pikantnego kopa)
- 1 łyżeczka mielonego kminku
- 1 łyżeczka papryki
- Sól i pieprz do smaku
- Łuski kukurydzy namoczone w wodzie przez co najmniej 1 godzinę

INSTRUKCJE:
a) Zacznij od usunięcia łusek z kłosów kukurydzy i odłożenia ich na bok. Ostrożnie obierz ziarna kukurydzy z kolb, pamiętając, aby zebrać także całe mleko kukurydziane.
b) W blenderze lub robocie kuchennym zmiksuj ziarna kukurydzy i mleko kukurydziane, aż uzyskasz gładką mieszankę. Odłożyć na bok.
c) Na patelni rozgrzej olej roślinny na średnim ogniu.
d) Dodaj posiekaną cebulę i smaż, aż stanie się przezroczysta i pachnąca.
e) Dodaj na patelnię pastę ají amarillo (jeśli używasz), mielony kminek, paprykę, sól i pieprz. Dobrze wymieszaj, aby połączyć i gotuj przez kolejną minutę.
f) Wlać zmiksowaną mieszankę kukurydzianą na patelnię z przyprawioną cebulą. Ciągle mieszaj, aby zapobiec tworzeniu się grudek i gotuj przez około 10 minut, aż mieszanina zgęstnieje.
g) Zdejmij patelnię z ognia i poczekaj, aż mieszanina lekko ostygnie.
h) Weź namoczoną łuskę kukurydzianą i umieść na środku około 2 łyżek mieszanki kukurydzianej. Złożyć łuskę na nadzienie, tworząc prostokątne opakowanie. Zawiąż końce łuski cienkim paskiem namoczonej łuski lub sznurka kuchennego, aby zabezpieczyć humitę.
i) Powtarzaj proces z pozostałą mieszanką kukurydzy i łuską, aż do wykorzystania całej mieszanki.
j) Napełnij duży garnek wodą i zagotuj. Umieść koszyk do gotowania na parze lub durszlak nad garnkiem, uważając, aby nie dotykał wody.
k) Ułóż zawinięte Humitas/Casteczka Kukurydziane Na Parze w koszyku do gotowania na parze, przykryj garnek pokrywką i gotuj na parze przez około 45 minut do 1 godziny lub do momentu, aż Humitas/Casteczka Kukurydziane Na Parze będą twarzi ugotowane.
l) Wyjmij humitas/ciasteczka kukurydziane gotowane na parze z naczynia do gotowania na parze i poczekaj, aż lekko ostygną przed rozpakowaniem i podaniem.

75. Pudding ryżowy

SKŁADNIKI:
- 1 szklanka białego ryżu
- 4 szklanki mleka
- 1 szklanka wody
- 1 laska cynamonu
- 1 szklanka cukru (dostosuj do smaku)
- 1 łyżeczka ekstraktu waniliowego
- Skórka otarta z 1 cytryny (opcjonalnie)
- Mielony cynamon do dekoracji

INSTRUKCJE:
a) Opłucz ryż pod zimną wodą, aby usunąć nadmiar skrobi.
b) W dużym garnku wymieszaj opłukany ryż, mleko, wodę i laskę cynamonu.
c) Postaw garnek na średnim ogniu i zagotuj mieszaninę.
d) Zmniejsz ogień do małego i gotuj na wolnym ogniu, mieszając od czasu do czasu, aby zapobiec przywieraniu, przez około 20 minut lub do momentu, aż ryż będzie ugotowany i miękki.
e) Dodać cukier i mieszać aż do całkowitego rozpuszczenia.
f) Kontynuuj gotowanie budyniu ryżowego na małym ogniu, często mieszając, przez kolejne 10-15 minut lub do momentu, aż mieszanina zgęstnieje do kremowej konsystencji.
g) Zdejmij garnek z ognia i dodaj ekstrakt waniliowy i skórkę z cytryny (jeśli używasz). Pozostaw Arroz con Leche/pudding ryżowy do ostygnięcia na kilka minut.
h) Wyjmij laskę cynamonu z garnka.
i) Przełóż Arroz con Leche/Rice Pudding do osobnych naczyń lub dużej miski.
j) Dla dekoracji posyp zmielonym cynamonem.
k) Podawaj Arroz con Leche/Pudding ryżowy na ciepło lub schłodzony. Można go pić samodzielnie lub z odrobiną dodatkowego cynamonu.

76. Fioletowy budyń kukurydziany

SKŁADNIKI:

- 2 szklanki fioletowych ziaren kukurydzy (suszonych)
- 8 szklanek wody
- 1 laska cynamonu
- 4 goździki
- 1 szklanka pokrojonego w kostkę ananasa
- 1 szklanka pokrojonego w kostkę jabłka
- 1 szklanka pokrojonej w kostkę gruszki
- 1 szklanka pokrojonej w kostkę pigwy (opcjonalnie)
- ½ szklanki suszonych śliwek
- ½ szklanki suszonych moreli
- 1 szklanka cukru
- ¼ szklanki skrobi kukurydzianej
- Sok z 1 limonki
- Mielony cynamon do dekoracji

INSTRUKCJE:

a) W dużym garnku wymieszaj fioletowe ziarna kukurydzy, wodę, laskę cynamonu i goździki.

b) Doprowadzić mieszaninę do wrzenia, następnie zmniejszyć ogień i gotować na wolnym ogniu przez około 45 minut do 1 godziny.

c) To wydobędzie smak i kolor z fioletowej kukurydzy.

d) Odcedź płyn do innego garnka, wyrzucając ziarna kukurydzy, laskę cynamonu i goździki. Ponownie postaw garnek na ogniu.

e) Do garnka dodaj pokrojonego w kostkę ananasa, jabłko, gruszkę, pigwę (jeśli używasz), suszone śliwki i suszone morele. Gotuj na wolnym ogniu przez około 15 minut lub do momentu, aż owoce będą miękkie.

f) W małej misce wymieszaj cukier i skrobię kukurydzianą.

g) Dodaj tę mieszaninę do garnka i dobrze wymieszaj, aby połączyć.

h) Gotuj przez kolejne 5-10 minut, ciągle mieszając, aż mieszanina zgęstnieje.

i) Zdejmij garnek z ognia i dodaj sok z limonki.

j) Pozwól, aby Mazamorra Morada/Purple Corn Pudding ostygł do temperatury pokojowej, a następnie wstaw do lodówki na co najmniej 2 godziny lub do czasu, aż ostygnie i stwardnieje.

k) Przed podaniem nałóż Mazamorra Morada/Purple Corn Pudding do osobnych misek lub szklanek.

l) Dla dekoracji posyp zmielonym cynamonem.

m) Rozkoszuj się schłodzonym puddingiem Mazamorra Morada/Purple Corn Pudding jako orzeźwiającym i słodkim deserem.

77. Quinoa budyń

SKŁADNIKI:

- 1 szklanka komosy ryżowej
- 4 szklanki wody
- 4 szklanki mleka
- 1 laska cynamonu
- 1 łyżeczka ekstraktu waniliowego
- ½ szklanki cukru (dostosuj do smaku)
- ¼ łyżeczki zmielonych goździków
- ¼ łyżeczki mielonej gałki muszkatołowej
- Rodzynki i/lub posiekane orzechy do dekoracji (opcjonalnie)

INSTRUKCJE:

a) Komosę ryżową dokładnie opłucz pod zimną wodą, aby pozbyć się goryczy.

b) W dużym garnku wymieszaj komosę ryżową i wodę. Doprowadzić do wrzenia na średnim ogniu, następnie zmniejszyć ogień do małego i gotować na wolnym ogniu przez około 15 minut lub do momentu, aż komosa ryżowa będzie miękka. Odcedź nadmiar wody.

c) Ugotowaną komosę ryżową włóż ponownie do garnka i dodaj mleko, laskę cynamonu, ekstrakt waniliowy, cukier, zmielone goździki i mieloną gałkę muszkatołową.

d) Dobrze wymieszaj mieszaninę i doprowadzaj do delikatnego wrzenia na średnim ogniu.

e) Gotuj przez około 20-25 minut, od czasu do czasu mieszając, aż mieszanina zgęstnieje i uzyska konsystencję przypominającą budyń.

f) Zdejmij garnek z ognia i wyrzuć laskę cynamonu.

g) Przed podaniem odczekaj kilka minut, aż budyń Mazamorra zQuinua/Quinoa ostygnie.

h) Podawaj budyń Mazamorra zQuinua/Quinoa na ciepło lub schłodzony w miseczkach lub pucharkach deserowych.

i) W razie potrzeby udekoruj każdą porcję rodzynkami i/lub posiekanymi orzechami.

78. Brazylijskie ciastka z dorsza

SKŁADNIKI:
- 10 uncji dorsza solonego; grubo pokrojone
- 8 uncji mącznych ziemniaków
- Masło
- mleko
- 3 łyżki (czubate) natki pietruszki
- 1 łyżka stołowa (czubata) mięty; drobno posiekane
- Świeżo zmielony czarny pieprz
- 3 jajka; rozdzielony
- 1 łyżka porto
- Olej do głębokiego smażenia

INSTRUKCJE:
a) Dorsza odcedź i dobrze opłucz pod zimną bieżącą wodą.

b) W rondlu zalać świeżą wodą, doprowadzić do wrzenia i gotować na wolnym ogniu przez 20 minut lub do momentu, aż dorsz będzie miękki. Gdy dorsz się gotuje, ugotuj ziemniaki w skórkach, następnie obierz i rozgnieć je z masłem i mlekiem. Gdy dorsz będzie gotowy, dokładnie go odsącz, usuń skórę i ości.

c) Dorsza rozdrobnić kilkoma widelcami. Dodać puree ziemniaczane, pietruszkę, miętę, pieprz i żółtka oraz porto. Dokładnie wymieszać. Białka ubić na sztywną pianę, następnie dodać je do masy dorsza. Weź kawałek mieszanki, mniej więcej wielkości małego jajka, i uformuj go w dłoni, aby uzyskać kształt torpedy.

d) Smażyć na głębokim oleju o temperaturze 375 stopni, aż będzie chrupiący i brązowy. Odsączyć na papierowym ręczniku i podawać gorące.

PRZYPRAWY

79. Sos kolendrowy

SKŁADNIKI:

- 2 media Cebula(e), poćwiartowana
- 5 Ząbki czosnku)
- 1 Zielona papryka,
- Wydrążone, pozbawione nasion, pokrojone w kostkę
- 12 Papryka Cachucha
- Łodyga i nasiona lub
- 3 łyżki Pokrojona w kostkę czerwona papryka
- 1 pęczek Kolendra
- Umyte i łodygowe
- 5 Liście kolendry _ _ _
- 1 łyżeczka Suszone oregano
- 1 filiżanka Oliwa z oliwek z pierwszego tłoczenia
- ½ szklanki czerwony ocet winny
- Sól i pieprz

INSTRUKCJE:

a) Zmiksuj cebulę, czosnek, paprykę, kolendrę i oregano w robocie kuchennym. Dodać oliwę, ocet, sól i pieprz i zmiksować na gładką masę.
b) Popraw przyprawę, dodając więcej soli lub octu do smaku.
c) Sos przełóż do czystych szklanych słoików. W lodówce wytrzyma kilka tygodni.

80. Proszek dobo

SKŁADNIKI:

- 6 łyżek Sól koszerna
- 2 łyżki stołowe biały pieprz
- 2 łyżki stołowe Nasiona kminku
- 2 łyżki stołowe Czosnek w proszku

INSTRUKCJE:

a) Połącz sól, ziarna pieprzu i kminek na suchej patelni i gotuj na średnim ogniu, aż przyprawy będą lekko przypieczone i pachnące, około 3 minut. Przenieś mieszaninę do miski, aby ostygła.

b) Połącz prażoną mieszankę przypraw i proszek czosnkowy w młynku do przypraw i zmiel na drobny proszek.

c) Przechowywać w szczelnym pojemniku; posłuży kilka miesięcy.

81.DIP warzywny

SKŁADNIKI:

- 1 filiżanka majonez
- 1 filiżanka Kwaśna śmietana
- ¼ łyżeczki Czosnek w proszku
- 1 łyżeczka Płatki Pietruszki
- 1 łyżeczka sól sezonowana
- 1 ½ łyżeczki Nasiona kopru

INSTRUKCJE:

a) Wszystkie składniki wymieszać i schłodzić. Najlepiej zrobić dzień wcześniej.

b) Podawać do surowych warzyw: selera, marchwi, ogórków, papryki, kalafiora itp.

82. Kąpiel z Vallarty

SKŁADNIKI:
- 6½ uncji Tuńczyk z puszki – odsączony
- 1 Zielona cebula – pokrojona w plasterki
- 3 łyżki Gorąca salsa chili
- 4 łyżki majonez
- 8 Gałązki kolendry lub do smaku
- Sok z cytryny lub limonki
- Sól dla smaku
- Chipsy tortilla

INSTRUKCJE:

a) W misce wymieszaj tuńczyka, cebulę, salsę, majonez i kolendrę. Doprawić do smaku sokiem z cytryny i solą; pozostałe przyprawy dostosuj do smaku. Podawać z chipsami.

b) Pokrój zieloną cebulę na 1-calowe kawałki i włóż do malaksera wyposażonego w stalowe ostrze. Dodaj gałązki kolendry i miksuj przez 3 do 5 sekund. Dodaj tuńczyka, salsę, majonez, sok z cytryny i sól; Pulsuj kilka razy, aby połączyć.

c) Spróbuj, dopraw do smaku i pulsuj jeszcze jeden lub dwa razy.

d) Wyjąć z lodówki na około 30 minut przed podaniem.

83. Zielone smażyć

SKŁADNIKI:
- 2 łyżki stołowe Oliwa z oliwek
- 1 mały Cebule)
- Drobno posiekane (1/2 szklanki)
- 1 pęczek Szalotki, przycięte
- Drobno posiekane
- 4 Ząbek(-i) czosnku, posiekany
- 1 Zielona papryka
- Rdzeń, nasiona
- Drobno posiekane
- ¼ szklanki Kolendra, posiekana
- 4 Culentro odchodzi
- Drobno posiekane (opcjonalnie)
- ½ łyżeczki Sól lub do smaku
- Czarny pieprz do smaku

INSTRUKCJE:
a) Na patelni z powłoką nieprzywierającą rozgrzej oliwę z oliwek. Dodać cebulę, szalotkę, czosnek i paprykę.
b) Gotuj na średnim ogniu, aż będzie miękki i półprzezroczysty, ale nie brązowy, około 5 minut, mieszając drewnianą łyżką.
c) Wymieszaj kolendrę, pietruszkę, sól i pieprz. gotuj mieszaninę przez minutę lub dwie dłużej. Doprawić do smaku, dodając sól i pieprz do smaku.
d) Przełożyć do czystego szklanego słoika. W lodówce zachowuje trwałość do 1 tygodnia.

84. przyprawa do taco

SKŁADNIKI:

- Sucha skórka z 1 limonki (opcjonalnie)
- 2 łyżki chili w proszku
- 1 łyżka mielonego kminku
- 2 łyżeczki drobno mielonej soli morskiej
- 2 łyżeczki mielonej kolendry
- 1 łyżeczka papryki
- 1/2 łyżeczki świeżo zmielonego pieprzu
- 1/8 łyżeczki pieprzu cayenne (opcjonalnie)

INSTRUKCJE:

a) Jest to opcjonalny, ale smaczny krok, dlatego polecam go – zetrzeć skórkę z 1 limonki.

b) Umieść skórkę w małym naczyniu ustawionym na nasłonecznionym parapecie, wysusz w suszarce lub piekarniku nagrzanym do 175°F na około 10–15 minut, aż cała wilgoć zniknie.

c) Wszystkie składniki wrzucić do miski, aż dobrze się wymieszają.

d) Przechowywać w chłodnym, ciemnym miejscu, w szczelnym szklanym pojemniku.

85.Ziołowa salsa pomidorowo-kukurydziana

SKŁADNIKI:
- Opakowanie 6,10 uncji mrożonej kukurydzy lub
- 4 kłosy świeżej kukurydzy, wycięte z kolby
- 1 duży dojrzały pomidor, pokrojony w kostkę
- 1/2 średniej czerwonej cebuli, pokrojonej w drobną kostkę
- 1 papryczka jalapeño, pozbawiona nasion i pokrojona w kostkę
- 3 łyżki octu balsamicznego
- 2 łyżki posiekanej świeżej bazylii
- 2 łyżki posiekanej świeżej kolendry
- sól morska do smaku

INSTRUKCJE:
a) Połącz wszystko w dużej misce i dobrze wymieszaj.
b) Odstawić na 1 godzinę w temperaturze pokojowej lub w lodówce, aby smaki się połączyły.

86. Guacamole z białej fasoli

SKŁADNIKI:
- 2 lekko zapakowane szklanki grubo posiekanego/pokrojonego w plasterki dojrzałego awokado
- 1 szklanka białej fasoli 1/2 łyżeczki soli morskiej
- 2–21/2 łyżek soku z cytryny
- Woda, rozcieńczyć według uznania

INSTRUKCJE:
a) Umieść awokado, białą fasolę, sól morską, sok z cytryny i wodę w robocie kuchennym lub blenderze i zmiksuj na gładką masę.
b) Dopraw do smaku dodatkową solą i/lub sokiem z cytryny.

NAPOJE

87.Koktajl z kaktusa

SKŁADNIKI:
- 1/2 szklanki oczyszczonych i pokrojonych w kostkę kawałków łopatki kaktusa
- 1 szklanka soku pomarańczowego, soku z granatów lub innego soku

Mała garść lodu

INSTRUKCJE:

a) Dokładnie opłucz kawałki kaktusa pod zimną bieżącą wodą, a następnie włóż je wraz z sokiem i lodem do blendera.

b) Mieszaj aż do całkowitego upłynnienia, 1–2 minuty.

88. Świeże wody

SKŁADNIKI:
- 2 szklanki świeżych owoców
- 1–2 łyżki świeżo wyciśniętego soku z limonki 2 szklanki wody
- 2–4 łyżki nektaru z agawy lub substytutu cukru 1 szklanka pokruszonego lodu

INSTRUKCJE:
a) Zmiksuj w blenderze owoce, sok z limonki, wodę i nektar z agawy.
b) Przecedź do dzbanka i dodaj lód.

89. Mojito w stylu latynoamerykańskim

SKŁADNIKI:
- 6 Papryczki Aji Dulce lub
- 1 ½ łyżki Czerwona papryka, pokrojona w kostkę
- ½ Zielona papryka, pokrojona w kostkę
- 5 Ząbki czosnku)
- Grubo posiekane
- 2 Szalotki, grubo posiekane
- 1 Pomidor
- Obrane i posiane
- 1 ½ łyżki Kapary, odsączone
- 1 ½ łyżeczki Suszone oregano
- ½ szklanki Liście kolendry
- Umyte i łodygowe
- ¼ szklanki koncentrat pomidorowy
- 2 łyżki stołowe Oliwa z oliwek z pierwszego tłoczenia
- 1 łyżka stołowa Sok limonkowy
- Sól i pieprz do smaku

INSTRUKCJE:

a) Tradycyjnie podawany jako sos do maczania chipsów z bananów i smażonych puree z zielonych bananów. Świetnie nadaje się również do maczania chipsów tortilla i stanowi doskonały sos koktajlowy do krewetek i innych owoców morza.

b) Połącz paprykę, czosnek, szalotkę, pomidor, kapary, oregano i kolendrę w robocie kuchennym i zmiel na gładkie puree. Dodać koncentrat pomidorowy, oliwę z oliwek, sok z limonki oraz sól i pieprz.

c) Przenieść do czystego słoika z niereaktywną pokrywką. W lodówce, można przechowywać przez 1 tydzień.

90.Horchata zMelon

SKŁADNIKI:
- 2 łyżki świeżo wyciśniętego soku z limonki (opcjonalnie)
- 1 dojrzała kantalupa, około 2 funtów, dająca około 1 funta czystych owoców i nasion, 2-1/2 szklanki
- 2-1/2 szklanki wody
- 2 łyżki nektaru z agawy lub substytutu cukru (opcjonalnie)
- 1/2 łyżeczki ekstraktu waniliowego

INSTRUKCJE:

a) Do blendera włóż sok z limonki, jeśli go używasz, 1 szklankę wody oraz owoce i nasiona i zmiksuj na puree. Dodaj resztę wody, słodzik (jeśli używasz) i wanilię i dobrze wymieszaj.

b) Odcedź Horchatę do dzbanka i schłódź lub podawaj z lodem.

91. Sangrita

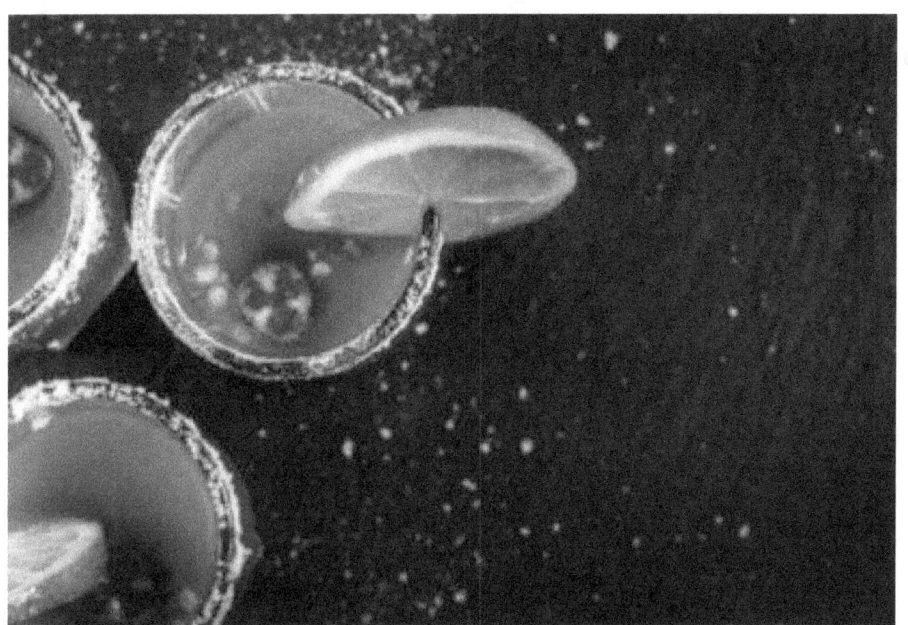

SKŁADNIKI:
- 2 średniej wielkości papryczki ancho, podpieczone i nawodnione
- 2-1/2 szklanki świeżego soku pomarańczowego
- 3-1/2 łyżki grenadyny
- 1 łyżeczka soli

INSTRUKCJE:
a) Wszystkie składniki włóż do blendera i zmiksuj na puree.
b) Odcedź i schłodź mieszaninę przed podaniem.

92.Ajerkoniak kokosowy

SKŁADNIKI:
- 13/16-kwarta Lekki rum w stylu latynoamerykańskim
- Obierz z 2 limonek; (tarty)
- 6 Żółtka
- 1 może Słodkie mleko skondensowane
- 2 puszki (duże) skondensowane mleko
- 2 puszki Krem kokosowy; (jak Coco Lopez)
- 6 uncji Gin

INSTRUKCJE:

a) Połowę rumu miksujemy ze skórką limonki w blenderze na wysokich obrotach przez 2 min.

b) Odcedź i przełóż do dużej miski. Dodać resztę rumu.

c) W blenderze zmiksuj żółtka, oba rodzaje mleka i gin, aż składniki się dobrze połączą.

d) Do miski z rumem wlej ¾ tej mieszanki. Resztę wymieszać z kremem kokosowym i dobrze wymieszać. dodać do mieszanki rumowej, dobrze wymieszać i przechowywać w lodówce.

93. Ajerkoniak w stylu latynoamerykańskim

SKŁADNIKI:

- 2 szklanki wody
- 8 laski cynamonu
- 6 Duże żółtka
- 3 (12 uncji) puszki odparowanego
- 1 szklanka mleka
- 2 Puszki mleka kokosowego
- 3 (14 uncji) puszki słodzone
- 1 szklanka skondensowanego mleka
- 3 szklanki białego rumu

INSTRUKCJE:

a) W 2-litrowym rondlu podgrzej wodę i laski cynamonu do wrzenia na dużym ogniu. Zmniejsz ogień do średniego i gotuj, aż płyn zredukuje się do jednej filiżanki. Wyjmij laski cynamonu i odstaw płyn, aby ostygł do temperatury pokojowej.

b) W 3-litrowym rondlu z trzepaczką drucianą ubij żółtka i skondensowane mleko, aż zostaną dobrze wymieszane.

c) Gotuj na małym ogniu, ciągle mieszając, aż mieszanina zgęstnieje i pokryje łyżkę – około 10 minut.

d) Odłożyć na bok.

e) Gdy płyn o smaku cynamonowym ostygnie, dodaj mleko kokosowe, aż dobrze się wymiesza.

f) W misce wymieszaj mieszaninę kokosa, mieszaninę żółtek, słodzone mleko skondensowane i rum. Dobrze schłodź i podawaj.

94. Fermentowane piwo kukurydziane

SKŁADNIKI:
- 2 funty kukurydzy jora (fioletowa kukurydza)
- 1 funt posiekanego ananasa
- 1 laska cynamonu
- 4 goździki
- 1 łyżka suszonych liści huacatay (opcjonalnie)
- 2 litry wody
- 1 szklanka cukru (dostosuj do smaku)
- Sok z 2 limonek

INSTRUKCJE:
a) Opłucz kukurydzę jora pod zimną wodą, aby usunąć brud i zanieczyszczenia.
b) Umieść kukurydzę jora w dużym garnku i zalej taką ilością wody, aby ją przykryła. Pozostawić do namoczenia na noc lub na co najmniej 8 godzin, aby zmiękło.
c) Odcedź namoczoną kukurydzę jora i wylej wodę, w której się moczyła.
d) Do dużego garnka dodaj namoczoną kukurydzę jora, posiekany ananas, laskę cynamonu, goździki i suszone liście huacatay (jeśli używasz).
e) Do garnka wlej 2 litry wody, upewniając się, że wszystkie składniki są zanurzone.
f) Doprowadzić mieszaninę do wrzenia na średnim ogniu.
g) Zmniejsz ogień do małego i gotuj na wolnym ogniu przez około 2 godziny, od czasu do czasu mieszając. W tym czasie kukurydza uwolni swoje naturalne cukry i aromaty.
h) Po 2 godzinach zdejmij garnek z ognia i pozwól mu ostygnąć do temperatury pokojowej.
i) Przecedź płyn przez sito o drobnych oczkach lub gazę, usuwając substancje stałe (kukurydza, ananas, przyprawy).
j) Przecedzony płyn wlej do garnka i dodaj cukier do smaku. Mieszaj, aż cukier się rozpuści.
k) Do garnka wyciśnij sok z 2 limonek i wymieszaj.
l) Przelej Chicha zJora/fermentowane piwo kukurydziane do dzbanka lub pojedynczych szklanek.
m) Przechowuj w lodówce Chicha zJora/fermentowane piwo kukurydziane do momentu schłodzenia lub podawaj z lodem.
n) Przed podaniem wymieszaj Chicha zJora/fermentowane piwo kukurydziane, ponieważ z czasem może się osadzić i oddzielić.
o) Opcjonalnie możesz udekorować każdą szklankę odrobiną mielonego cynamonu lub plasterkiem ananasa.

95. Fioletowy napój kukurydziany

SKŁADNIKI:
- 2 duże fioletowe kolby kukurydzy
- 8 szklanek wody
- 1 ananas, obrany i pokrojony na kawałki
- 2 jabłka, obrane, wydrążone i pokrojone w kostkę
- 1 laska cynamonu
- 4 goździki
- 1 szklanka cukru (dostosuj do smaku)
- Sok z 2 limonek
- Kostki lodu (do podania)
- Świeże liście mięty (do dekoracji)

INSTRUKCJE:
a) W dużym garnku wymieszaj fioletowe kolby kukurydzy z wodą. Doprowadzić do wrzenia na średnim ogniu.
b) Zmniejsz ogień do małego i gotuj na wolnym ogniu przez około 30 minut, aby wydobyć smak i kolor z kukurydzy.
c) Wyjmij fioletowe kolby kukurydzy z garnka i wyrzuć je. Odłóż fioletowy płyn na bok.
d) W osobnym garnku dodaj kawałki ananasa, pokrojone w kostkę jabłka, laski cynamonu i goździki.
e) Otrzymany fioletowy płyn wlać do garnka z owocami i przyprawami.
f) Doprowadzić mieszaninę do wrzenia, następnie zmniejszyć ogień i gotować na wolnym ogniu przez około 20 minut, pozwalając owocom i przyprawom przeniknąć swoim aromatem do płynu.
g) Zdejmij garnek z ognia i odcedź płyn, aby usunąć ciała stałe. Wyrzuć owoce i przyprawy.
h) Dodaj cukier i sok z limonki, dostosowując słodkość i kwasowość do swojego smaku.
i) Odczekaj, aż napój Chicha Morada/Purple Corn Drink ostygnie do temperatury pokojowej, a następnie wstaw do lodówki na co najmniej 2 godziny, aby się schłodził.
j) Podawaj Chicha Morada/Purple Corn Drink z kostkami lodu w szklankach i dekoruj świeżymi listkami mięty.

96.Kwaśny owoc marakuji

SKŁADNIKI:
- 2 uncje Pisco (brandy winogronowej w stylu latynoamerykańskim)
- 1 uncja puree z marakui
- 1 uncja świeżego soku z limonki
- ¾ uncji prostego syropu
- lód
- Świeże nasiona marakui do dekoracji (opcjonalnie)

INSTRUKCJE:

a) W shakerze wymieszaj Pisco, puree z marakui, świeży sok z limonki i syrop cukrowy.
b) Do shakera dodaj lód i energicznie potrząsaj przez około 15 sekund.
c) Przecedź mieszaninę do schłodzonego, tradycyjnego szkła lub kieliszka koktajlowego.
d) W razie potrzeby udekoruj świeżymi nasionami marakui.
e) Podaj Maracuyá Sour i ciesz się tropikalnymi smakami.

97.Herbata z koki

SKŁADNIKI:
- 1-2 torebki herbaty koki lub 1-2 łyżeczki suszonych liści koki
- 1 szklanka gorącej wody
- Miód lub cukier (opcjonalnie)

INSTRUKCJE:
a) Umieść torebkę herbaty koki lub suszone liście koki w filiżance.
b) Zalej torebkę lub liście herbaty koki gorącą wodą.
c) Pozwól mu parzyć przez 5-10 minut lub do momentu osiągnięcia pożądanej mocy.
d) W razie potrzeby dosłodzić miodem lub cukrem.
e) Rozkoszuj się herbatą z koki, tradycyjnym naparem ziołowym w stylu latynoamerykańskim, znanym z łagodnego, ziemistego smaku.

98. Cappuccino z rumem w stylu latynoamerykańskim

SKŁADNIKI:

- 1 ½ uncji Ciemny rum
- 1 łyżeczka cukru
- Gorąca mocna kawa
- Spienione mleko
- Bita śmietana
- Mielony cynamon

INSTRUKCJE:

a) Połącz rum i cukier w kubku.
b) Dodaj równe części kawy i mleka.
c) Posmaruj śmietaną i cynamonem.

99. Poncz Pisco

SKŁADNIKI:

- 2 uncje Pisco (brandy winogronowej w stylu latynoamerykańskim)
- 1 uncja soku ananasowego
- ½ uncji świeżego soku z limonki
- ½ uncji prostego syropu
- lód
- Kawałek świeżego ananasa lub wiśnia do dekoracji

INSTRUKCJE:

a) W shakerze wymieszaj Pisco, sok ananasowy, świeży sok z limonki i syrop cukrowy.
b) Do shakera dodaj lód i energicznie potrząsaj przez około 15 sekund.
c) Przecedź mieszaninę do schłodzonego, tradycyjnego szkła lub kieliszka koktajlowego.
d) Udekoruj plasterkiem świeżego ananasa lub wiśni.
e) Podaj Pisco Punch i delektuj się tropikalnymi smakami.

100.Koktajl owocowy Camu

SKŁADNIKI:
- 2 szklanki świeżych owoców camu camu (lub soku camu camu, jeśli jest dostępny)
- ½ szklanki pisco (brandy winogronowej w stylu latynoamerykańskim)
- 2 łyżki miodu
- 1 szklanka lodu
- Świeże jagody camu camu do dekoracji (opcjonalnie)

INSTRUKCJE:
a) W blenderze połącz świeże owoce camu camu, pisco, miód i lód.
b) Mieszaj, aż będzie gładka.
c) Spróbuj i dostosuj słodycz, jeśli chcesz, dodając więcej miodu.
d) Wlej Coctel zCamu Camu do szklanek.
e) Udekoruj świeżymi jagodami camu camu, jeśli są dostępne.
f) Podaj koktajl camu camu i ciesz się wyjątkowym, pikantnym smakiem tego amazońskiego owocu.

WNIOSEK

Mamy nadzieję, że w miarę jak kończy się ostatni rozdział Latinísimo, Twoja kuchnia wypełni się żywymi i kuszącymi aromatami domowych specjałów z Ameryki Łacińskiej. Ta książka kucharska to coś więcej niż tylko przewodnik; to zaproszenie do delektowania się esencją Ameryki Łacińskiej w zaciszu własnego domu.

Delektując się ostatnim kęsem tych 100 dań kuchni latynoskiej, pamiętaj, że nie tylko odtworzyłeś przepisy; przyjęliście tradycje kulinarne przekazywane z pokolenia na pokolenie. Latinísimo to celebracja bogatego gobelinu, jakim jest kuchnia latynoamerykańska, a każzdanie jest świadectwem różnorodności kulturowej i dziedzictwa kulinarnego, które definiują tę niezwykłą część świata.

Niech smaki pozostaną w Waszej pamięci, a duch latynoamerykańskich kuchni nadal będzie inspiracją dla Waszych kulinarnych przygód. Dopóki nie spotkamy się ponownie w kolejnej kulinarnej eksploracji, que disfruten zla buena cocina. Miłego gotowania!

www.ingramcontent.com/pod-product-compliance
Lightning Source LLC
Chambersburg PA
CBHW071331110526
44591CB00010B/1098